关务通·新疑难解惑系列

个人行邮监管百问百答

"关务通·新疑难解惑系列"编委会 ◎ 编

中国海关出版社有限公司

中国·北京

图书在版编目（CIP）数据

个人行邮监管百问百答／"关务通·新疑难解惑系列"编委会编．－－北京：中国海关出版社有限公司，2024

（关务通；6.新疑难解惑系列）

ISBN 978-7-5175-0750-5

Ⅰ.①个… Ⅱ.①关… Ⅲ.①海关—监管制度—邮件—中国—问题解答 Ⅳ.①F752.55-44

中国国家版本馆 CIP 数据核字（2024）第 038856 号

个人行邮监管百问百答
GEREN XINGYOU JIANGUAN BAI WEN BAI DA

作　　者：	"关务通·新疑难解惑系列"编委会
策划编辑：	刘　婧
责任编辑：	刘　婧
责任印制：	王怡莎
出版发行：	中国海关出版社有限公司
社　　址：	北京市朝阳区东四环南路甲1号　　邮政编码：100023
编 辑 部：	01065194242-7544（电话）
发 行 部：	01065194221/4238/4246/4254/5127（电话）
社办书店：	01065195616（电话）
	https://weidian.com/? userid=319526934（网址）
印　　刷：	廊坊一二〇六印刷厂　　　　　　　经　销：新华书店
开　　本：	880mm×1230mm　1/32
印　　张：	4.875　　　　　　　　　　　　　　字　数：132千字
版　　次：	2024年9月第1版
印　　次：	2024年9月第1次印刷
书　　号：	ISBN 978-7-5175-0750-5
定　　价：	45.00元

海关版图书，版权所有，侵权必究
海关版图书，印装错误可随时退换

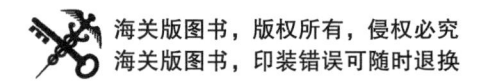

前　言

为便于关务人员快速查询、获取相关业务知识，"关务通·新疑难解惑系列"编委会组织编写了"关务通·新疑难解惑系列"丛书。"关务通"系列丛书于2011—2016年陆续出版，因其设计风格独特和内容全面实用深受广大读者的好评，作为"关务通系列"的延续，希望"关务通·新疑难解惑系列"能够为读者提供更好的使用体验。

本丛书编写人员长期从事政策解答、业务咨询工作，广泛收集了企业在通关过程中的常见及热点问题，并从中选取企业关心、具有代表性的实务问题，通过对这些问题的梳理和分类，聚焦通关监管、企业管理与稽查、检验检疫、关税征管、加工贸易保税监管、个人行邮监管六个方面，分册编写。

"快速查询、快速解决"是本丛书编写的目标。各分册具体包括问、答、文件依据三部分，力求问题简单明晰，回答重点突出。为帮助读者在解决问题的同时，能对应了解相关政策，本丛书各分册还特增加附录，以涵盖部分重点法律法规。

各分册所列问答的具体数量根据实际情况而定，未作统一。因时间仓促，水平有限，不足之处还请各位读者见谅并指正。

"关务通·新疑难解惑系列"编委会

2024年4月

目 录

百问百答 ··· 1

1. 托朋友从境外邮寄一块价值2万元的手表进境,海关如何征税? ··· 1
2. 个人邮寄进境物品免税额是多少? ············· 1
3. 近期收到海关通知,要求对从德国邮寄进境的一套化妆品征税,物品价值850元,并没有超过1000元,为什么要征税? ··· 1
4. 个人邮寄一台家用美容仪进境,海关如何征税? ··········· 2
5. 个人邮寄一台榨汁机进境,海关如何征税? ··············· 2
6. 个人邮寄一盒雪茄烟进境,海关如何征税? ··············· 3
7. 个人邮寄一把吉他进境,海关如何征税? ················· 3
8. 个人邮寄一套渔具进境,海关如何征税? ················· 3
9. 个人邮寄一套厨具进境,海关如何征税? ················· 4
10. 个人从境外网站买一套高尔夫球杆,海关如何征税? ······ 4
11. 个人邮寄一台扫地机器人进境,海关如何征税? ·········· 4
12. 个人从境外网站上买了一辆山地自行车,海关如何征税? ·· 5
13. 个人从境外邮寄一辆四轮婴儿推车进境,海关如何征税? ·· 5
14. 家人是收藏品爱好者,看中了境外一套限量版纪念币,想要邮寄进境,海关如何征税? ····································· 5
15. 个人从境外邮寄2瓶白兰地酒进境,海关如何征税? ······ 6
16. 个人是否可以从境外邮寄一把仿真手枪进境? ············ 6
17. 个人能否邮寄含有中药成分的感冒药出境? ·············· 6

18. 个人是否可以邮寄国家货币进出境？ …………………… 7
19. 个人是否可以邮寄外币票据进境？ …………………… 7
20. 海关总署令第257号已废止了《中华人民共和国海关对旅客携带和个人邮寄中药材、中成药出境的管理规定》（海关总署令第12号），那么最新个人邮寄中药材、中成药限值按照什么规定执行？ ………………………………………………… 8
21. 个人邮寄一部新上市的智能手机进境有什么规定？ …… 8
22. 海关是如何认定邮寄物品完税价格作为计税依据的？ … 9
23. 邮件超出规定限值，如何办理通关手续？ ……………… 10
24. 从国内邮寄个人物品出境，接到邮政的通知：所有邮寄出境包裹的面单上必须要有申报品名，申报品名要与包裹内的物件一致，不能宽泛笼统，有什么相应的文件规定？ …… 10
25. 通过B类快件渠道进口的物品，海关如何监管？ ……… 11
26. 海关的行邮规定中提到的"个人自用、合理数量"限值，该如何理解？ …………………………………………………… 11
27. 不再执行"停止减免税的20种商品"都有哪些？ ……… 12
28. 个人出差需携带笔记本电脑到国外，回国时还会将电脑带回来，需要向海关办理什么手续？ ………………………… 12
29. 某国外大学教授需要进境参加国内学术科研活动，需携带少量生物样本进境，是否需要申报？ ……………………… 13
30. 因公司业务开展需要，个人想携带一些广告宣传品出境，海关对此有何监管要求？ ………………………………… 13
31. 因摄影工作要求，个人需携带一台照相机到国外，使用完再带回来，海关对于携带出境复进境的物品有何管理规定？ ……………………………………………………… 13
32. 进境旅客可以携带多少人民币？ ………………………… 14
33. 出境旅客可以携带多少人民币？ ………………………… 14

34. 从国外旅游回来后，携带哪些物品需要向海关申报并接受检疫？ ………………………………………………… 15
35. 禁止携带哪些物品进境？ ……………………………………… 15
36. 携带50克黄金出境，海关会验放吗？ ………………………… 16
37. 什么情况下出境人员携带外币现钞出境不需要申领《携带外汇出境许可证》？ …………………………………………… 16
38. 旅客进境可免税携带电子烟的数量是多少？ ………………… 17
39. 不满16周岁的旅客，能否携带电子烟进境？ ………………… 17
40. 旅客免税携带进境电子烟的总值是否计入行李物品免税额度？ … 18
41. 旅客携带超出规定数量或容量的电子烟进境，是否可以缴税后放行？ ……………………………………………………… 18
42. 电子烟上没有标识烟液容量，可以携带进境吗？ …………… 18
43. 个人携带物品进境免税额是多少？ …………………………… 19
44. 个人携带香烟进境限值是多少？ ……………………………… 19
45. 个人携带酒进境限值是多少？ ………………………………… 19
46. 未满16周岁的旅客进出境时可以随身携带行李物品的范围是什么？ …………………………………………………… 20
47. 个人可以邮寄、携带新冠抗原检测试剂出境吗？ …………… 20
48. 个人收藏文物邮寄或携带出境是否需要审批？ ……………… 21
49. 哪些物品禁止邮寄携带进境？ ………………………………… 21
50. 哪些动植物及其产品禁止邮寄携带进境？ …………………… 21
51. 个人可以携带新鲜水果进境吗？ ……………………………… 22
52. 是否可以携带肉松蛋黄馅的包装食品进境？ ………………… 22
53. 土壤及有机栽培介质可以邮寄或携带进境吗？ ……………… 22
54. 鲜花可以携带进境吗？ ………………………………………… 23
55. 动物标本可以邮寄或携带进境吗？ …………………………… 23
56. 酸奶可以邮寄或携带进境吗？ ………………………………… 23

57. 咸蛋可以邮寄或携带进境吗？ ············· 24
58. 生的藜麦、亚麻籽、奇亚籽、小扁豆等豆类产品可以邮寄进境吗？ ············· 24
59. 新鲜艾草可否携带、寄递进境？ ············· 25
60. 植物种子可以邮寄或携带进境吗？ ············· 25
61. 对于个人携带精神药品进出境，海关有什么管理规定？ ····· 25
62. 能否携带宠物入境？ ············· 26
63. 赌博用筹码能否携带出境？ ············· 26
64. 旅客携带家具进境是否需要交税？ ············· 27
65. 使馆外交人员进境时需要向海关申报吗？ ············· 28
66. 对于以分离运输方式进境的行李物品，海关是否有时间规定？ 28
67. 什么是非居民长期旅客？ ············· 28
68. 什么是常驻人员？ ············· 29
69. 常驻人员是否可以携带车辆进境？ ············· 29
70. 什么是常驻机构？ ············· 30
71. 境外企业在华常驻机构，可以进境几辆汽车？ ············· 30
72. 某外资企业聘请了一名外籍专家，该专家想办理自用物品进境手续，需要向海关提交哪些资料？ ············· 31
73. 常驻机构首次办理公用物品进境，办理备案手续时，需要向海关提交哪些资料？ ············· 31
74. 常驻人员免税车如何办理转让？ ············· 32
75. 常驻人员免税车如何办理解除监管？ ············· 33
76. 外资企业的常驻人员能否将自己的机动车辆转让过户给他人？ ··· 33
77. 常驻人员自用车辆进境后向海关办理牌照申领手续有无时间限制？ ············· 33
78. 常驻机构申报进境的公用物品要复出境，应向海关办理什么手续？ ············· 34

目 录

79. 常驻机构人员进境车辆因故损毁，能否重新进境一辆？ …… 34
80. 常驻机构是否可以运进旧机动车辆？ …… 35
81. 进境定居旅客进境不满2年再次出境，安家物品怎么处理？ … 35
82. 使馆和使馆人员首次进出境公用、自用物品前，向主管海关办理备案手续时应当提交哪些资料？ …… 35
83. 使馆行政技术人员和服务人员运进的安家物品是否征税？ … 36
84. 按照海关现行规定，个人邮寄或携带自用音像制品进境多少数量范围内可以免税？ …… 37
85. 个人邮寄10盘音乐CD进境，是否可以免税？ …… 37
86. 哪些进出境印刷品及音像制品，由海关按照放弃货物、物品依法予以处理？ …… 38
87. 个人可以携带、邮寄宗教类印刷品及音像制品进境吗？ …… 38
88. 海关监管的进出境音像制品有哪些？ …… 39
89. 哪些印刷品及音像制品海关禁止进境？ …… 39
90. 哪些物品属于进出境印刷品？ …… 40
91. 什么是散发性宗教类印刷品及音像制品？ …… 40
92. 个人邮寄印刷品或者音像制品超出什么范围需要按照进口货物方式办理报关？ …… 40
93. 境外赠送的书籍能否进境，是否有数量限制？ …… 41
94. 留学生购买免税车免的是哪方面税种？ …… 42
95. 留学生免税车可以转让吗？ …… 42
96. 个人可以申请设立免税商店吗？ …… 42
97. 海关对免税店的销售场所设置有何要求？ …… 43
98. 经营免税店向海关申请备案时需要提交哪些资料？ …… 44
99. 免税品如果过期、变质和不能使用，应如何处置？ …… 44
100. 免税品的监管仓库设立应当符合什么条件和要求？ …… 45

附 录 ······ 46

关于调整《中华人民共和国进境物品归类表》和《中华人民共和国进境物品完税价格表》的公告 ······ 46
关于调整进出境个人邮递物品管理措施有关事宜 ······ 47
《中华人民共和国禁止进出境物品表》和《中华人民共和国限制进出境物品表》······ 48
中华人民共和国海关行政处罚实施条例 ······ 50
关于不再执行20种商品停止减免税规定的公告 ······ 67
关于在全国各对外开放口岸实行新的进出境旅客申报制度 ······ 68
出入境人员携带物检疫管理办法 ······ 71
关于电子烟征税有关事项的公告 ······ 80
关于进境旅客所携行李物品验放标准有关事宜的公告 ······ 82
中华人民共和国海关对中国籍旅客进出境行李物品的管理规定 ··· 83
中华人民共和国海关对进出境旅客行李物品监管办法 ······ 88
出入境特殊物品卫生检疫管理规定 ······ 95
中华人民共和国禁止携带、寄递进境的动植物及其产品和其他检疫物名录 ······ 104
关于进一步规范携带宠物入境检疫监管工作的公告 ······ 106
关于进境旅客所携行李物品验放标准有关事宜的公告 ······ 108
中华人民共和国海关对非居民长期旅客进出境自用物品监管办法 ··· 109
中华人民共和国海关对常驻机构进出境公用物品监管办法 ······ 115
关于常驻机构和常驻人员进境机动车辆有关事宜的公告 ······ 121
中华人民共和国海关对外国驻中国使馆和使馆人员进出境物品监管办法 ······ 123
中华人民共和国海关进出境印刷品及音像制品监管办法 ······ 131
中华人民共和国海关对免税商店及免税品监管办法 ······ 137

百问百答

1. 托朋友从境外邮寄一块价值2万元的手表进境，海关如何征税？

答： 完税价格在人民币10000元及以上的高档手表，行邮税税率为50%；10000元以下包括高档手表外的其他各种表，行邮税税率为20%。

文件依据：《关于调整〈中华人民共和国进境物品归类表〉和〈中华人民共和国进境物品完税价格表〉的公告》（海关总署公告2019年第63号）。

2. 个人邮寄进境物品免税额是多少？

答： 个人邮寄进境物品，海关依法征收进口税，但应征进口税税额在人民币50元（含50元）以下的，海关予以免征。

文件依据：《关于调整进出境个人邮递物品管理措施有关事宜》（海关总署公告2010年第43号）。

3. 近期收到海关通知，要求对从德国邮寄进境的一套化妆品征税，物品价值850元，并没有超过1000元，为什么要征税？

答： 个人邮寄进境物品，海关依法征收进口税，但应征进口税税额在人民币50元（含50元）以下的，海关予以免征。个人寄自或寄往港、澳、台地区的物品，每次限值为800元人民币；寄自或寄往其他国家和地区的物品，每次限值为1000元人民币。根据上述文件，免征税的情况须符合应征税额在50元（含50元）以下，1000元是除港、澳、台地区以外每次邮寄物品的限值而不是免税值。

文件依据：《关于调整进出境个人邮递物品管理措施有关事宜》（海关总署公告2010年第43号）。

4. 个人邮寄一台家用美容仪进境，海关如何征税？

答：家用医疗、保健及美容器材行邮税税率为20%。

文件依据：《关于调整〈中华人民共和国进境物品归类表〉和〈中华人民共和国进境物品完税价格表〉的公告》（海关总署公告2019年第63号）。

5. 个人邮寄一台榨汁机进境，海关如何征税？

答：厨卫用具及小家电税率为20%。榨汁机属于厨卫用具及小家电类，因此根据文件规定，税率应为20%。

文件依据：《关于调整〈中华人民共和国进境物品归类表〉和〈中华人民共和国进境物品完税价格表〉的公告》（海关总署公告2019年第63号）。

6. 个人邮寄一盒雪茄烟进境,海关如何征税?

答:烟税率为50%。雪茄烟属于烟类,因此根据文件规定,税率应为50%。

文件依据:《关于调整〈中华人民共和国进境物品归类表〉和〈中华人民共和国进境物品完税价格表〉的公告》(海关总署公告2019年第63号)。

7. 个人邮寄一把吉他进境,海关如何征税?

答:乐器类进口行邮税税率为20%。

文件依据:《关于调整〈中华人民共和国进境物品归类表〉和〈中华人民共和国进境物品完税价格表〉的公告》(海关总署公告2019年第63号)。

8. 个人邮寄一套渔具进境,海关如何征税?

答:运动用品、钓鱼用品税率为20%。

文件依据:《关于调整〈中华人民共和国进境物品归类表〉和〈中华人民共和国进境物品完税价格表〉的公告》(海关总署公告2019年第63号)。

9. 个人邮寄一套厨具进境，海关如何征税？

答：厨房用具行邮税税率为20%。

文件依据：《关于调整〈中华人民共和国进境物品归类表〉和〈中华人民共和国进境物品完税价格表〉的公告》（海关总署公告2019年第63号）。

10. 个人从境外网站买一套高尔夫球杆，海关如何征税？

答：高尔夫球及球具，包括高尔夫球杆和高尔夫球，行邮税税率为50%。

文件依据：《关于调整〈中华人民共和国进境物品归类表〉和〈中华人民共和国进境物品完税价格表〉的公告》（海关总署公告2019年第63号）。

11. 个人邮寄一台扫地机器人进境，海关如何征税？

答：扫地机器人属于厨卫用具及小家电，行邮税税率为20%。

文件依据：《关于调整〈中华人民共和国进境物品归类表〉和〈中华人民共和国进境物品完税价格表〉的公告》（海关总署公告2019年第63号）。

12. 个人从境外网站上买了一辆山地自行车,海关如何征税?

答: 自行车包括不带发动机、电动机的自行车、三轮脚踏车、婴孩车及其他非机动脚踏车,以及上述物品的配件、附件,行邮税税率为20%。

文件依据:《关于调整〈中华人民共和国进境物品归类表〉和〈中华人民共和国进境物品完税价格表〉的公告》(海关总署公告2019年第63号)。

13. 个人从境外邮寄一辆四轮婴儿推车进境,海关如何征税?

答: 自行车物品类别包括了婴儿推车范围,因此邮寄一辆四轮婴儿推车进境行邮税税率为20%。

文件依据:《关于调整〈中华人民共和国进境物品归类表〉和〈中华人民共和国进境物品完税价格表〉的公告》(海关总署公告2019年第63号)。

14. 家人是收藏品爱好者,看中了境外一套限量版纪念币,想要邮寄进境,海关如何征税?

答: 邮票、艺术品、收藏品物品类别包括了纪念币,因此邮寄一套纪念币进境行邮税税率为20%。

文件依据:《关于调整〈中华人民共和国进境物品归类表〉和

〈中华人民共和国进境物品完税价格表〉的公告》（海关总署公告2019年第63号）。

15. 个人从境外邮寄2瓶白兰地酒进境，海关如何征税？

答：酒类行邮税税率为50%。

文件依据：《关于调整〈中华人民共和国进境物品归类表〉和〈中华人民共和国进境物品完税价格表〉的公告》（海关总署公告2019年第63号）。

16. 个人是否可以从境外邮寄一把仿真手枪进境？

答：不可以。禁止进境物品包括各种武器、仿真武器、弹药及爆炸物品。

文件依据：《〈中华人民共和国禁止进出境物品表〉和〈中华人民共和国限制进出境物品表〉》（海关总署令第43号）。

17. 个人能否邮寄含有中药成分的感冒药出境？

答：若不涉及国家禁止、限制进出境物品管理规定，即中药成分不含有鸦片、吗啡、海洛因、大麻以及其他能使人成瘾的麻醉品、精神药物、贵重中药材等，海关对于个人邮寄出境的中药、中成药按照自用、合理数量原则进行管理。

文件依据：《〈中华人民共和国禁止进出境物品表〉和〈中华人民共和国限制进出境物品表〉》（海关总署令第43号）。

18. 个人是否可以邮寄国家货币进出境？

答：不可以。按照相关规定，不得在邮件中夹带国家货币进出境。

文件依据：《中华人民共和国国家货币出入境管理办法》（国务院令第108号）。

19. 个人是否可以邮寄外币票据进境？

答：外币票据指一切外国币券，所称外币票据系指各种以外币支付之汇票、支票、旅行支票、期票及其他付款凭证等。在本国境内互寄或寄往国外之邮件中，如夹带外币票据一经查获，应由主管检查机关视其情节轻重，报由司法机关令其存兑，处以罚金或予以没收。

文件依据：《查检邮件中夹带外币或外币票据暂行处理办法》。

20. 海关总署令第257号已废止了《中华人民共和国海关对旅客携带和个人邮寄中药材、中成药出境的管理规定》(海关总署令第12号),那么最新个人邮寄中药材、中成药限值按照什么规定执行?

答:根据海关总署相关规定,个人邮寄中药材、中成药出境应遵照海关总署公告2010年第43号的相关规定。个人寄自或寄往港、澳、台地区的物品,每次限值为800元人民币;寄自或寄往其他国家和地区的物品,每次限值为1000元人民币。个人邮寄进出境物品超出规定限值的,应办理退运手续或者按照货物规定办理通关手续。但邮包内仅有一件物品且不可分割的,虽超出规定限值,经海关审核确属个人自用的,可以按照个人物品规定办理通关手续。

文件依据:《关于调整进出境个人邮递物品管理措施有关事宜》(海关总署公告2010年第43号)。

21. 个人邮寄一部新上市的智能手机进境有什么规定?

答:个人寄自或寄往港、澳、台地区的物品,每次限值为800元人民币;寄自或寄往其他国家和地区的物品,每次限值为1000元人民币。个人邮寄进出境物品超出规定限值的,应办理退运手续或者按照货物规定办理通关手续。但邮包内仅有一件物品且不可分割的,虽超出规定限值,经海关审核确属个人自用的，可以按照个人物品规定办理通关手续。个人邮寄单部自用的手机，虽然价值超过1000（800）元，但按照单件不可分割原则，经海关审核，是可以缴税进境的。但是如果同时邮寄2部及以上的，则须按照货物进行报关或者办理退运手续。

文件依据：《关于调整进出境个人邮递物品管理措施有关事宜》（海关总署公告2010年第43号）。

22. 海关是如何认定邮寄物品完税价格作为计税依据的？

答：《完税价格表》已列明完税价格的物品，按照《完税价格表》确定；《完税价格表》未列明完税价格的物品，按照相同物品相同来源地最近时间的主要市场零售价格确定其完税价格；实际购买价格是《完税价格表》列明完税价格的2倍及以上，或者《完税价格表》列明完税价格的1/2及以下的物品，进境物品所有人应向海关提供销售方依法开具的真实交易的购物发票或收据，并承担相关责任。海关可以根据物品所有人提供的上述相关凭证，依法确定应税物品完税价格。

文件依据：《关于修订〈中华人民共和国进境物品归类表〉和〈中华人民共和国进境物品完税价格表〉的公告》（海关总署公告2012年第15号）。

23. 邮件超出规定限值，如何办理通关手续？

答：个人邮寄进出境物品超出规定限值的，应办理退运手续或者按照货物规定办理通关手续，可以选择委托代理报关企业以货物方式报关或联系承运方办理退运。但邮包内仅有一件物品且不可分割的，虽超出规定限值，经海关审核确属个人自用的，可以按照个人物品规定办理通关手续。

文件依据：《关于调整进出境个人邮递物品管理措施有关事宜的公告》（海关总署公告2010年第43号）。

24. 从国内邮寄个人物品出境，接到邮政的通知：所有邮寄出境包裹的面单上必须要有申报品名，申报品名要与包裹内的物件一致，不能宽泛笼统，有什么相应的文件规定？

答：根据《关于启用进出境邮递物品信息化管理系统有关事宜的公告》（海关总署公告2018年第164号），海关总署与中国邮政集团公司通过建立总对总对接的方式实现进出境邮件全国联网传输数据。该公告第二条规定，邮政企业负责采集邮件面单电子数据并向海关信息系统传输，面单信息包括收寄件人名称，收寄国家（地区）及具体地址，内件品名、数量、重量、价格（含币种）等。进出境邮件面单数据不完整的，由邮政企业通知境内收寄件人办理补充申报手续。第三条规定，进出境邮递物品所有人应当承担邮寄进出境物品的申报责任。

文件依据：《关于启用进出境邮递物品信息化管理系统有关事宜的公告》（海关总署公告2018年第164号）。

25. 通过B类快件渠道进口的物品，海关如何监管？

答：B类快件报关时，快件运营人应当向海关提交B类快件报关单、每一进出境快件的分运单、进境快件收件人或出境快件发件人身份证影印件和海关需要的其他单证。B类快件的限量、限值、税收征管等事项应当符合海关总署关于邮递进出境个人物品相关规定。邮递进出境个人物品相关规定参见海关总署公告2010年第43号和海关总署公告2019年第63号。

文件依据：《关于启用新快件通关系统相关事宜的公告》（海关总署公告2016年第19号）、《关于调整进出境个人邮递物品管理措施有关事宜》（海关总署公告2010年第43号）、《关于调整〈中华人民共和国进境物品归类表〉和〈中华人民共和国进境物品完税价格表〉的公告》（海关总署公告2019年第63号）。

26. 海关的行邮规定中提到的"个人自用、合理数量"限值，该如何理解？

答："自用"，指旅客或者收件人本人自用、馈赠亲友而非为出售或者出租。"合理数量",指海关根据旅客或者收件人的情况、旅行目的和居留时间所确定的正常数量。

文件依据:《中华人民共和国海关行政处罚实施条例》(国务院令第420号)。

27. 不再执行"停止减免税的20种商品"都有哪些?

答: 20种商品包括电视机、摄像机、录像机、放像机、音响设备、空调器、电冰箱和电冰柜、洗衣机、照相机、复印机、程控电话交换机、微型计算机及外设、电话机、无线寻呼系统、传真机、电子计算器、打字机及文字处理机、家具、灯具、餐料(指调味品、肉禽蛋菜、水产品、水果、饮料、酒、乳制品)。

文件依据:《关于不再执行20种商品停止减免税规定的公告》(财政部 海关总署 税务总局公告2020年第36号)。

28. 个人出差需携带笔记本电脑到国外,回国时还会将电脑带回来,需要向海关办理什么手续?

答: 出境旅客携带的物品中若有需复带进境的单价超过5000元的照相机、摄像机、手提电脑等旅行自用物品,应在《中华人民共和国海关进出境旅客行李物品申报单》相应栏目内如实填报,并将有关物品交海关验核,办理有关手续。

文件依据:《关于在全国各对外开放口岸实行新的进出境旅客申

报制度》(海关总署公告2007年第72号)。

29. 某国外大学教授需要进境参加国内学术科研活动，需携带少量生物样本进境，是否需要申报？

答：进境旅客携带有动、植物及其产品，微生物、生物制品、人体组织、血液制品等物品的，应在《中华人民共和国海关进出境旅客行李物品申报单》相应栏目内如实填报，并将有关物品交海关验核，办理有关手续。

文件依据：《关于在全国各对外开放口岸实行新的进出境旅客申报制度》(海关总署公告2007年第72号)。

30. 因公司业务开展需要，个人想携带一些广告宣传品出境，海关对此有何监管要求？

答：出境旅客携带有货物、货样、广告品的，应在《中华人民共和国海关进出境旅客行李物品申报单》相应栏目内如实填报，并将有关物品交海关验核，办理有关手续。

文件依据：《关于在全国各对外开放口岸实行新的进出境旅客申报制度》(海关总署公告2007年第72号)。

31. 因摄影工作要求，个人需携带一台照相机到国外，使用完再带回来，海关对于携带出境复进境的物品有何管理规定？

答：居民旅客需复带进境的单价超过5000元的照相机、摄像机、手提电脑等旅行自用物品，应在《中华人民共和国海关进出境旅客行李物品申报单》相应栏目内如实填报，并将有关物品交海关验核，办理有关手续。

文件依据：《关于在全国各对外开放口岸实行新的进出境旅客申报制度》（海关总署公告2007年第72号）。

32. 进境旅客可以携带多少人民币？

答：进境旅客携带人民币现钞超过20000元或外币现钞折合超过5000美元的，应在《中华人民共和国海关进出境旅客行李物品申报单》相应栏目内如实填报，并将有关物品交海关验核，办理有关手续。

文件依据：《关于在全国各对外开放口岸实行新的进出境旅客申报制度》（海关总署公告2007年第72号）。

33. 出境旅客可以携带多少人民币？

答：出境旅客携带人民币现钞超过20000元或外币现钞折合超过5000美元的，应在《中华人民共和国海关进出境旅客行李物品申报单》相应栏目内如实填报，并将有关物品交海关验核，办理有关手续。

文件依据：《关于在全国各对外开放口岸实行新的进出境旅客申

报制度》(海关总署公告2007年第72号)。

34. 从国外旅游回来后,携带哪些物品需要向海关申报并接受检疫?

答:出入境人员携带下列物品,应当向海关申报并接受检疫:

(一)入境动植物、动植物产品和其他检疫物;

(二)出入境生物物种资源、濒危野生动植物及其产品;

(三)出境的国家重点保护的野生动植物及其产品;

(四)出入境的微生物、人体组织、生物制品、血液及血液制品等特殊物品;

(五)出入境的尸体、骸骨等;

(六)来自疫区、被传染病污染或者可能传播传染病的出入境的行李和物品;

(七)其他应当向海关申报并接受检疫的携带物。

文件依据:《出入境人员携带物检疫管理办法》(国家质检总局令第146号)。

35. 禁止携带哪些物品进境?

答:出入境人员禁止携带下列物品进境:

(一)动植物病原体(包括菌种、毒种等)、害虫及其他有害生物;

(二)动植物疫情流行的国家或者地区的有关动植物、动植物产品和其他检疫物；

（三）动物尸体；

（四）土壤；

（五）《中华人民共和国禁止携带、邮寄进境的动植物及其产品名录》所列各物；

（六）国家规定禁止进境的废旧物品、放射性物质以及其他禁止进境物。

文件依据：《出入境人员携带物检疫管理办法》（国家质检总局令第146号）。

36. 携带50克黄金出境，海关会验放吗？

答：对境内居民、非居民长期旅客携带、佩戴出境黄金饰品重量在50克（含50克，白银饰品据此相应从宽掌握）以下的，海关不作为重点管理，免予验核签章。

37. 什么情况下出境人员携带外币现钞出境不需要申领《携带外汇出境许可证》？

答：出境人员携带外币现钞出境，凡不超过其最近一次入境时申报外币现钞数额的，不需申领《携带外汇出境许可证》，海关凭其最近一次入境时的外币现钞申报数额记录验放。

文件依据：《携带外币现钞出入境管理暂行办法》（汇发2003年第102号）。

38. 旅客进境可免税携带电子烟的数量是多少？

答： 旅客进境可免税携带烟具2个；电子烟烟弹（液态雾化物）或烟弹与烟具组合销售的产品（包括一次性电子烟等）6个，但合计烟液容量不超过12毫升。往返港澳地区的旅客可免税携带烟具1个；电子烟烟弹（液态雾化物）或烟弹与烟具组合销售的产品（包括一次性电子烟等）3个，但合计烟液容量不超过6毫升。短期内多次来往旅客可免税携带烟具1个；电子烟烟弹（液态雾化物）或烟弹与烟具组合销售的产品（包括一次性电子烟等）1个，但合计烟液容量不超过2毫升。没有标识烟液容量的电子烟禁止携带进境。

文件依据：《关于电子烟征税有关事项的公告》（海关总署公告2022年第102号）。

39. 不满16周岁的旅客，能否携带电子烟进境？

答： 不可以。不满16周岁的旅客，禁止携带电子烟进境。

文件依据：《关于电子烟征税有关事项的公告》（海关总署公告2022年第102号）。

40. 旅客免税携带进境电子烟的总值是否计入行李物品免税额度？

答： 旅客免税携带进境电子烟的总值不计入行李物品免税额度。其他烟草制品仍按现行有关规定执行，不计入行李物品免税额度。

文件依据：《关于电子烟征税有关事项的公告》（海关总署公告2022年第102号）。

41. 旅客携带超出规定数量或容量的电子烟进境，是否可以缴税后放行？

答： 超出以上规定数量或容量，但经海关审核确属自用的，海关仅对超出部分予以征税，对不可分割的单件，全额征税。旅客带进征税的电子烟数量容量，限制在免税限量之内。

文件依据：《关于电子烟征税有关事项的公告》（海关总署公告2022年第102号）。

42. 电子烟上没有标识烟液容量，可以携带进境吗？

答： 不可以。没有标识烟液容量的电子烟禁止携带进境。

文件依据：《关于电子烟征税有关事项的公告》（海关总署公告2022年第102号）。

43. 个人携带物品进境免税额是多少？

答：进境居民旅客携带在境外获取的个人自用进境物品，总值在5000元人民币以内（含5000元）的；非居民旅客携带拟留在中国境内的个人自用进境物品，总值在2000元人民币以内（含2000元）的，海关予以免税放行，单一品种限自用、合理数量，但烟草制品、酒精制品等另按有关规定办理。

文件依据：《关于进境旅客所携行李物品验放标准有关事宜的公告》（海关总署公告2010年第54号）。

44. 个人携带香烟进境限值是多少？

答：香港、澳门地区居民及因私往来香港、澳门地区的内地居民，免税香烟200支，或雪茄50支，或烟丝250克；其他旅客免税香烟400克或雪茄100支，或烟丝500克。

文件依据：《中华人民共和国海关对中国籍旅客进出境行李物品的管理规定》（海关总署令第58号）。

45. 个人携带酒进境限值是多少？

答：香港、澳门地区居民及因私往来香港、澳门地区的内地居民可以免税携带12度以上酒精饮料限1瓶（0.75升）以下；其他旅客可以免税携带入境12度以上酒精饮料限2瓶（1.5升以下）。

文件依据：《中华人民共和国海关对中国籍旅客进出境行李物品的管理规定》（海关总署令第58号）。

46. 未满16周岁的旅客进出境时可以随身携带行李物品的范围是什么？

答：对不满16周岁者，海关只放行其旅途需用的《中国籍旅客带进物品限量表》第一类物品，即衣料、衣着、鞋、帽、工艺美术品和价值人民币1000元以下（含1000元）的自用合理数量范围内其他生活用品，超出该范围的，海关不予放行。

文件依据：《中华人民共和国海关对进出境旅客行李物品监管办法》（海关总署令第9号）。

47. 个人可以邮寄、携带新冠抗原检测试剂出境吗？

答：不可以。新冠抗原试剂属于特殊物品，需要办理特殊物品卫生检疫审批手续。

文件依据：《出入境特殊物品卫生检疫管理规定》（国家质检总局令第160号）。

48. 个人收藏文物邮寄或携带出境是否需要审批？

答：需要。文物出境，应当经国务院文物行政部门指定的文物进出境审核机构审核。经审核允许出境的文物，由国务院文物行政部门发给文物出境许可证，从国务院文物行政部门指定的口岸出境。任何单位或者个人运送、邮寄、携带文物出境，应当向海关申报；海关凭文物出境许可证放行。

文件依据：《中华人民共和国文物保护法》。

49. 哪些物品禁止邮寄携带进境？

答：具体物品可查看《中华人民共和国禁止进出境物品表》和《中华人民共和国限制进出境物品表》（参见本书附录）。

文件依据：《〈中华人民共和国禁止进出境物品表〉和〈中华人民共和国限制进出境物品表〉》（海关总署令第43号）。

50. 哪些动植物及其产品禁止邮寄携带进境？

答：具体物品可查看《中华人民共和国禁止携带、寄递进境的动植物及其产品和其他检疫物名录》（参见本书附录）。

文件依据：《关于〈中华人民共和国禁止携带、寄递进境的动植物及其产品和其他检疫物名录〉的公告》(农业农村部　海关总署公告2021年第470号)。

51. 个人可以携带新鲜水果进境吗?

答：不可以。新鲜水果、蔬菜禁止携带、寄递进境。

文件依据：《关于〈中华人民共和国禁止携带、寄递进境的动植物及其产品和其他检疫物名录〉的公告》(农业农村部　海关总署公告2021年第470号)。

52. 是否可以携带肉松蛋黄馅的包装食品进境?

答：不可以。含有肉、蛋类成分的食品，存在携带禽流感、口蹄疫及其他检疫性疫病传播的风险［(生或熟)肉类(含脏器类)及其制品，蛋及其制品，包括鲜蛋、皮蛋、咸蛋、蛋液、蛋壳、蛋黄酱等蛋源产品］。

文件依据：《关于〈中华人民共和国禁止携带、寄递进境的动植物及其产品和其他检疫物名录〉的公告》(农业农村部　海关总署公告2021年第470号)。

53. 土壤及有机栽培介质可以邮寄或携带进境吗?

答：不可以。土壤及有机栽培介质禁止携带或寄递进境。

文件依据：《关于〈中华人民共和国禁止携带、寄递进境的动植物及其产品和其他检疫物名录〉的公告》(农业农村部　海关总署公告2021年第470号)。

54. 鲜花可以携带进境吗？

答：不可以。鲜切花禁止携带、寄递进境。

文件依据：《关于〈中华人民共和国禁止携带、寄递进境的动植物及其产品和其他检疫物名录〉的公告》(农业农村部　海关总署公告2021年第470号)。

55. 动物标本可以邮寄或携带进境吗？

答：不可以。动物尸体、动物标本、动物源性废弃物，禁止携带、邮寄进境。

文件依据：《关于〈中华人民共和国禁止携带、寄递进境的动植物及其产品和其他检疫物名录〉的公告》(农业农村部　海关总署公告2021年第470号)。

56. 酸奶可以邮寄或携带进境吗？

答：不可以。动物源性乳及乳制品，包括生乳、巴氏杀菌乳、灭菌乳、调制乳、发酵乳，奶油、黄油、奶酪、炼乳等乳制品，禁止携带、邮寄进境。

文件依据：《关于〈中华人民共和国禁止携带、寄递进境的动植物及其产品和其他检疫物名录〉的公告》（农业农村部　海关总署公告2021年第470号）。

57. 咸蛋可以邮寄或携带进境吗？

答：不可以。蛋及其制品，包括鲜蛋、皮蛋、咸蛋、蛋液、蛋壳、蛋黄酱等蛋源产品，禁止携带、邮寄进境。

文件依据：《关于〈中华人民共和国禁止携带、寄递进境的动植物及其产品和其他检疫物名录〉的公告》（农业农村部　海关总署公告2021年第470号）。

58. 生的藜麦、亚麻籽、奇亚籽、小扁豆等豆类产品可以邮寄进境吗？

答：不可以。禁止个人携带、邮寄种子、种苗及其他具有繁殖能力的植物、植物产品及材料进境。藜麦、亚麻籽、奇亚籽、小扁豆等生的豆类产品都属于可繁殖的植物材料，因此禁止邮寄、携带进境。

文件依据：《关于〈中华人民共和国禁止携带、寄递进境的动植物及其产品和其他检疫物名录〉的公告》（农业农村部　海关总署公告2021年第470号）。

59. 新鲜艾草可否携带、寄递进境?

答: 不可以。种子、种苗及其他具有繁殖能力的植物、植物产品及材料禁止携带、寄递进境。

文件依据: 《关于〈中华人民共和国禁止携带、寄递进境的动植物及其产品和其他检疫物名录〉的公告》(农业农村部 海关总署公告2021年第470号)。

60. 植物种子可以邮寄或携带进境吗?

答: 不可以。种子、种苗及其他具有繁殖能力的植物、植物产品及材料,禁止携带、邮寄进境。

文件依据: 《关于〈中华人民共和国禁止携带、寄递进境的动植物及其产品和其他检疫物名录〉的公告》(农业农村部 海关总署公告2021年第470号)。

61. 对于个人携带精神药品进出境,海关有什么管理规定?

答: 因治疗疾病需要,个人凭医疗机构出具的医疗诊断书、本人身份证明,可以携带单张处方最大用量以内的麻醉药品和第一类精神药品;携带麻醉药品和第一类精神药品出入境的,由海关根据自用、合理的原则放行。医务人员为了医疗需要携带少量麻醉药品和精神药品进出境的,应当持有省级以上人民政府药品监督管理部门发放的携带麻醉药品和精神药品证明，海关凭携带麻醉药品和精神药品证明放行。

文件依据：《麻醉药品和精神药品管理条例》（国务院令第666号）。

62. 能否携带宠物入境？

答：携带入境的活动物仅限犬或者猫，并且每人每次限带1只。携带宠物入境的，携带人应当向海关提供输出国家或者地区官方动物检疫机构出具的有效检疫证书和狂犬病疫苗接种证书。宠物应当具有电子芯片。

文件依据：《关于进一步规范携带宠物入境检疫监管工作的公告》（海关总署公告2019年第5号）。

63. 赌博用筹码能否携带出境？

答：不可以。赌博用筹码属于《中华人民共和国禁止进出境物品表》所列"对中国政治、经济、文化、道德有害的印刷品、胶卷、照片、唱片、影片、录音带、录像带、激光视盘、计算机存储介质及其他物品"中的"其他物品"，禁止携带出境。

文件依据：《关于〈中华人民共和国禁止进出境物品表〉和〈中

华人民共和国限制进出境物品表〉有关问题解释的公告》(海关总署公告2013年第46号)。

64. 旅客携带家具进境是否需要交税?

答: 根据《财政部 海关总署 税务总局关于不再执行20种商品停止减免税规定的公告》(财政部 海关总署 税务总局公告2020年第36号),自公告之日(2020年8月5日)起,不再执行《国务院批转关税税则委员会、财政部、国家税务总局关于第二步清理关税和进口环节减免规定意见的通知》(国发〔1994〕64号)中关于20种商品"无论任何贸易方式、任何地区、企业、单位和个人进口,一律停止减免税"的规定。因此进境旅客携带20种商品范围内的物品进境,根据《关于进境旅客所携行李物品验放标准有关事宜的公告》(海关总署公告2010年第54号),可以在规定限值内予以免税,单一品种限自用、合理数量(烟草制品、酒精制品另按有关规定办理)。短期多次往返的旅客除外。

文件依据:《财政部 海关总署 税务总局关于不再执行20种商品停止减免税规定的公告》(财政部 海关总署 税务总局公告2020年第36号)、《关于进境旅客所携行李物品验放标准有关事宜的公告》(海关总署公告2010年第54号)。

65. 使馆外交人员进境时需要向海关申报吗?

答: 持有中华人民共和国政府主管部门给予外交、礼遇签证的进出境旅客,通关时应主动向海关出示本人有效证件,海关予以免验礼遇。

文件依据:《关于在全国各对外开放口岸实行新的进出境旅客申报制度的公告》(海关总署公告2007年第72号)。

66. 对于以分离运输方式进境的行李物品,海关是否有时间规定?

答: 旅客以分离运输方式运进行李物品,应当在进境时向海关申报。经海关核准后,自旅客进境之日起6个月内运进。海关办理验放手续时,连同已经放行的行李物品合并计算。

以分离运输方式运出的行李物品,应由物品所有人凭有效的出境证件在出境前办妥海关手续。

文件依据:《中华人民共和国海关对进出境旅客行李物品监管办法》(海关总署令第9号)。

67. 什么是非居民长期旅客?

答: "非居民长期旅客"是指经公安部门批准进境并在境内连续居留1年以上(含1年),期满后仍回到境外定居地的外国公民、港澳台地区人员、华侨。

文件依据：《中华人民共和国海关对非居民长期旅客进出境自用物品监管办法》(海关总署令第116号)。

68. 什么是常驻人员？

答："常驻人员"是指非居民长期旅客中的下列人员：

（一）境外企业、新闻机构、经贸机构、文化团体及其他境外法人经中华人民共和国政府主管部门批准，在境内设立的并在海关备案的常设机构内的工作人员；

（二）在海关注册登记的外商投资企业内的人员；

（三）入境长期工作的专家。

文件依据：《中华人民共和国海关对非居民长期旅客进出境自用物品监管办法》(海关总署令第116号)。

69. 常驻人员是否可以携带车辆进境？

答：非居民长期旅客进出境自用物品应当符合《非居民长期旅客自用物品目录》的规定，该目录由海关总署另行制定并且发布。以个人自用、合理数量为限。其中，常驻人员可以进境机动车辆，每人限1辆，其他非居民长期旅客不得进境机动车辆。

文件依据：《中华人民共和国海关对非居民长期旅客进出境自用物品监管办法》(海关总署令第116号)。

70. 什么是常驻机构？

答："常驻机构"是指境外企业、新闻机构、经贸机构、文化团体及其他境外法人经中华人民共和国政府主管部门批准，在境内设立的常设机构。

文件依据：《中华人民共和国海关对常驻机构进出境公用物品监管办法》（海关总署令第115号）。

71. 境外企业在华常驻机构，可以进境几辆汽车？

答：常驻机构进境机动车辆，海关按照该机构常驻人员的实际人数核定其进境车辆的总数：

（一）常驻人员在5人以下的，进境车辆总数1辆；

（二）常驻人员在6人以上10人以下的，进境车辆总数不超过2辆；

（三）常驻人员在11人以上20人以下的，进境车辆总数不超过3辆；

（四）常驻人员在21人以上30人以下的，进境车辆总数不超过4辆；

（五）常驻人员在31人以上的，进境车辆总数不超过6辆。

文件依据：《中华人民共和国海关对常驻机构进出境公用物品监管办法》（海关总署令第115号）。

72. 某外资企业聘请了一名外籍专家，该专家想办理自用物品进境手续，需要向海关提交哪些资料？

答： 非居民长期旅客申报进境自用物品时，应当填写《中华人民共和国海关进出境自用物品申报单》，并提交身份证件、长期居留证件、提（运）单和装箱单等相关单证。港澳台人员还需提供其居住地公安机关出具的居留证明。

文件依据：《中华人民共和国海关对非居民长期旅客进出境自用物品监管办法》（海关总署令第116号）。

73. 常驻机构首次办理公用物品进境，办理备案手续时，需要向海关提交哪些资料？

答： 常驻机构首次申报进境公用物品前，应当凭下列文件向主管海关办理备案手续：

（一）设立常驻机构审批机关的批准文件复印件；

（二）主管部门颁发的注册证明复印件；

（三）常驻机构报关印章式样；

（四）常驻机构负责人签字式样、身份证件复印件；

（五）常驻机构中常驻人员名册，名册含常驻人员姓名、性别、国籍、有效进出境证件号码、长期居留证件号码、到任时间、任期、职务及在中国境内的住址等内容。

文件依据：《中华人民共和国海关对常驻机构进出境公用物品监管办法》（海关总署令第115号）。

74. 常驻人员免税车如何办理转让？

答： 常驻人员转让进境监管机动车辆时，应当由受让方向主管海关提交经出、受让双方签章确认的《中华人民共和国海关公/自用车辆转让申请表》（简称《转让申请表》）及其他相关单证。受让方主管海关审核批注后，将《转让申请表》转至出让方主管海关。出让方凭其主管海关开具的《领/销牌照通知书》向公安交通管理部门办理机动车辆牌照注销手续；出让方主管海关办理机动车辆结案手续后，将机动车辆进境原始档案及《转让申请表》回执联转至受让方主管海关。受让方凭其主管海关出具的《中华人民共和国海关监管车辆进/出境领/销牌照通知书》向公安交通管理部门办理机动车辆牌照申领手续。应当补税的机动车辆由受让方向其主管海关依法补缴税款。

常驻人员进境监管机动车辆出售时，应当由特许经营单位向常驻人员的主管海关提交经常驻人员签字确认的《转让申请表》，主管海关审核无误后，由特许经营单位参照前款规定办理机动车辆注销牌照等结案手续，并依法向主管海关补缴税款。

文件依据：《中华人民共和国海关对非居民长期旅客进出境自用物品监管办法》（海关总署令第116号）。

75. 常驻人员免税车如何办理解除监管？

答： 机动车辆海关监管期限届满的，常驻人员应当凭《中华人民共和国海关公/自用车辆解除监管申请表》《机动车辆行驶证》向主管海关申请解除监管。主管海关核准后，开具《中华人民共和国海关监管车辆解除监管证明书》，常驻人员凭此向公安交通管理部门办理有关手续。

文件依据：《中华人民共和国海关对非居民长期旅客进出境自用物品监管办法》（海关总署令第116号）。

76. 外资企业的常驻人员能否将自己的机动车辆转让过户给他人？

答： 可以。根据相关规定，常驻人员征税进境的机动车辆自向公安交通管理部门办结车辆登记手续之日起1年后，可准予转让过户。

文件依据：《关于常驻人员转让征税进境机动车辆有关事宜的公告》（海关总署公告2006年第30号）。

77. 常驻人员自用车辆进境后向海关办理牌照申领手续有无时间限制？

答： 常驻人员进境机动车辆，应当自海关放行之日起10个工作日内，向主管海关申领《中华人民共和国海关监管车辆进/出境领/销牌照通知书》，办理机动车辆牌照申领手续。

文件依据：《中华人民共和国海关对非居民长期旅客进出境自用物品监管办法》(海关总署令第116号)。

78. 常驻机构申报进境的公用物品要复出境，应向海关办理什么手续?

答：常驻机构申报出境原进境公用物品时，应当填写《出口货物报关单》。常驻机构申报出境原进境机动车辆的，海关开具《中华人民共和国海关监管车辆进/出境领/销牌照通知书》，常驻机构凭此向公安交通管理部门办理注销牌照手续。

文件依据：《中华人民共和国海关对常驻机构进出境公用物品监管办法》(海关总署令第115号)。

79. 常驻机构人员进境车辆因故损毁，能否重新进境一辆?

答：进境机动车辆因事故、不可抗力等原因遭受严重损毁或因损耗、超过使用年限等原因丧失使用价值，经报废处理后，常驻人员凭公安交通管理部门出具的机动车辆注销证明，经主管海关同意办理机动车辆结案手续后，可重新申报进境机动车辆1辆。进境机动车辆有丢失、被盗、转让或出售给他人、超出监管期限等情形的，常驻人员不得重新申报进境机动车辆。

文件依据：《中华人民共和国海关对非居民长期旅客进出境自用物品监管办法》(海关总署令第116号)。

80. 常驻机构是否可以运进旧机动车辆？

答：自2010年7月1日起，除按照有关政府间协定可以免税进境机动车辆的常驻机构和常驻人员、国家专门引进的高层次人才和专家以外，其他常驻机构和常驻人员不得进境旧机动车辆，对其旧机动车辆进境申请，海关不予受理。

文件依据：《关于常驻机构和常驻人员进境机动车辆有关事宜的公告》（海关总署公告2010年第32号）。

81. 进境定居旅客进境不满2年再次出境，安家物品怎么处理？

答：进境定居旅客自进境之日起，居留时间不满2年，再次出境定居的，其免税携运进境的安家物品应复运出境，或向海关补税。

文件依据：《中华人民共和国海关对进出境旅客行李物品监管办法》（海关总署令第9号）。

82. 使馆和使馆人员首次进出境公用、自用物品前，向主管海关办理备案手续时应当提交哪些资料？

答：使馆和使馆人员首次进出境公用、自用物品前，应当凭下列资料向主管海关办理备案手续：

（一）中国政府主管部门出具的证明使馆设立的文件复印件；
（二）用于报关文件的使馆馆印印模、馆长或者馆长授权的外交代表的签字样式；

（三）外交邮袋的加封封志实物和外交信使证明书样式，使馆若从主管海关关区以外发送或者接收外交邮袋，还应当向主管海关提出申请，并提供外交邮袋的加封封志实物和外交信使证明书样式，由主管海关制作关封，交由使馆人员向进出境地海关备案；

（四）使馆人员和与其共同生活的配偶及未成年子女的进出境有效证件、中国政府主管部门核发的身份证件复印件，以及使馆出具的证明上述人员职衔、到任时间、住址等情况的文件复印件。

以上备案内容如有变更，使馆或者使馆人员应当自变更之日起10个工作日内向海关办理备案变更手续。

文件依据：《中华人民共和国海关对外国驻中国使馆和使馆人员进出境物品监管办法》（海关总署令第174号）。

83. 使馆行政技术人员和服务人员运进的安家物品是否征税？

答：使馆行政技术人员和服务人员，如果不是中国公民并且不在中国永久居留的，其到任后6个月内运进的安家物品，经主管海关审核在直接需用数量范围内的（其中自用小汽车每户限1辆），海关予以免税验放。超出规定时限运进的物品，经海关核准仍属自用的，按照《中华人民共和国海关对非居民长期旅客进出境自用物品监管办法》的规定办理。

文件依据：《中华人民共和国海关对外国驻中国使馆和使馆人员进出境物品监管办法》（海关总署令第174号）。

84. 按照海关现行规定，个人邮寄或携带自用音像制品进境多少数量范围内可以免税？

答：个人自用进境印刷品及音像制品在下列规定数量以内的，海关予以免税验放：

（一）单行本发行的图书、报纸、期刊类出版物每人每次10册（份）以下；

（二）单碟（盘）发行的音像制品每人每次20盘以下；

（三）成套发行的图书类出版物，每人每次3套以下；

（四）成套发行的音像制品，每人每次3套以下。

文件依据：《中华人民共和国海关进出境印刷品及音像制品监管办法》（海关总署令第161号）。

85. 个人邮寄10盘音乐CD进境，是否可以免税？

答：可以。单碟（盘）发行的音像制品每人每次20盘以下的，海关予以免税验放。

文件依据：《中华人民共和国海关进出境印刷品及音像制品监管办法》（海关总署令第161号）。

86. 哪些进出境印刷品及音像制品，由海关按照放弃货物、物品依法予以处理？

答： 下列进出境印刷品及音像制品，由海关按照放弃货物、物品依法予以处理：

（一）收货人、货物所有人、进出境印刷品及音像制品所有人声明放弃的；

（二）在海关规定期限内未办理海关手续或者无人认领的；

（三）无法投递又无法退回的。

文件依据：《中华人民共和国海关进出境印刷品及音像制品监管办法》（海关总署令第161号）。

87. 个人可以携带、邮寄宗教类印刷品及音像制品进境吗？

答： 个人携带、邮寄进境的宗教类印刷品及音像制品在自用、合理数量范围内的，准予进境。超出个人自用、合理数量进境或者以其他方式进口的宗教类印刷品及音像制品，海关凭国家宗教事务局、其委托的省级政府宗教事务管理部门或者国务院其他行政主管部门出具的证明予以征税验放。无相关证明的，海关按照《中华人民共和国海关行政处罚实施条例》的有关规定予以处理。散发性宗教类印刷品及音像制品，禁止进境。

文件依据：《中华人民共和国海关进出境印刷品及音像制品监管办法》（海关总署令第161号）。

88. 海关监管的进出境音像制品有哪些？

答： 进出境音像制品包括进出境载有图文声像信息的磁、光、电存储介质。

文件依据：《中华人民共和国海关进出境印刷品及音像制品监管办法》（海关总署令第161号）。

89. 哪些印刷品及音像制品海关禁止进境？

答： 载有下列内容之一的印刷品及音像制品，禁止进境：

（一）反对宪法确定的基本原则的；

（二）危害国家统一、主权和领土完整的；

（三）危害国家安全或者损害国家荣誉和利益的；

（四）攻击中国共产党，诋毁中华人民共和国政府的；

（五）煽动民族仇恨、民族歧视，破坏民族团结，或者侵害民族风俗、习惯的；

（六）宣扬邪教、迷信的；

（七）扰乱社会秩序，破坏社会稳定的；

（八）宣扬淫秽、赌博、暴力或者教唆犯罪的；

（九）侮辱或者诽谤他人，侵害他人合法权益的；

（十）危害社会公德或者民族优秀文化传统的；

（十一）国家主管部门认定禁止进境的；

（十二）法律、行政法规和国家规定禁止的其他内容。

文件依据：《中华人民共和国海关进出境印刷品及音像制品监管办法》（海关总署令第161号）。

90. 哪些物品属于进出境印刷品？

答：进出境印刷品包括进出境摄影底片、纸型、绘画、剪贴、手稿、手抄本、复印件及其他含有文字、图像、符号等内容的货物、物品。

文件依据：《中华人民共和国海关进出境印刷品及音像制品监管办法》（海关总署令第161号）。

91. 什么是散发性宗教类印刷品及音像制品？

答：散发性宗教类印刷品及音像制品，是指运输、携带、邮寄进境，不属于自用、合理数量范围并且具有明显传播特征，违反国家宗教事务法规及有关政策的印刷品及音像制品。

文件依据：《中华人民共和国海关进出境印刷品及音像制品监管办法》（海关总署令第161号）。

92. 个人邮寄印刷品或者音像制品超出什么范围需要按照进口货物方式办理报关？

答：有下列情形之一的，海关对全部进境印刷品及音像制品按照进口货物依法办理相关手续：

（一）个人携带、邮寄单行本发行的图书、报纸、期刊类出版物进境，每人每次超过50册（份）的；

（二）个人携带、邮寄单碟（盘）发行的音像制品进境，每人每次超过100盘的；

（三）个人携带、邮寄成套发行的图书类出版物进境，每人每次超过10套的；

（四）个人携带、邮寄成套发行的音像制品进境，每人每次超过10套的；

（五）其他构成货物特征的。有前款所列情形的，进境印刷品及音像制品的收发货人、所有人及其代理人可以依法申请退运其进境印刷品及音像制品。

文件依据：《中华人民共和国海关进出境印刷品及音像制品监管办法》（海关总署令第161号）。

93. 境外赠送的书籍能否进境，是否有数量限制？

答： 境外赠送进口的印刷品及音像制品，受赠单位应当向海关提交赠送方出具的赠送函和受赠单位的接受证明及有关清单。接受境外赠送的印刷品超过100册或者音像制品超过200盘的，受赠单位除向海关提交上述单证外，还应当取得有关行政主管部门的批准文件。海关对有关行政主管部门的批准文件电子数据进行系统自动比对验核。

文件依据：《中华人民共和国海关进出境印刷品及音像制品监管

办法》(海关总署令第161号)。

94. 留学生购买免税车免的是哪方面税种?

答:根据海关总署相关文件规定,回国工作的留学人员用现汇购买的国产小汽车,视同免税进口,免征其关键或成套散件进口环节的关税、增值税(或工商统一税),以及特别消费税和横向配套费、车辆购置附加费。

95. 留学生免税车可以转让吗?

答:供回国工作的留学人员自用的免税国产汽车,在海关监管年限内不得转让或非法倒卖。具体监管年限及备案、管理手续参照海关对外商常驻机构及非居民长期旅客进口机动车辆的有关规定执行。经海关批准过户或转让的车辆,各地交通部门凭海关出具的证明,办理车辆购置附加费凭证的过户和转让手续,并向新车主补征车辆购置附加费。

96. 个人可以申请设立免税商店吗?

答:不可以。经营单位设立免税商店,应当向海关总署提出书面申请,并且符合以下条件:

（一）具有独立法人资格；

（二）具备符合海关监管要求的免税品销售场所及免税品监管仓库；

（三）具备符合海关监管要求的计算机管理系统，能够向海关提供免税品出入库、销售等信息；

（四）具备一定的经营规模，申请设立口岸免税商店的，口岸免税商店所在的口岸年进出境人员应当不少于5万人次；

（五）具备包括合作协议、经营模式、法人代表等内容完备的企业章程和完备的内部财务管理制度；

（六）有关法律、行政法规、海关规章规定的其他条件。

文件依据：《中华人民共和国海关对免税商店及免税品监管办法》（海关总署令第132号）。

97. 海关对免税店的销售场所设置有何要求？

答：免税品销售场所应当符合海关监管要求：

（一）口岸免税商店的销售场所应当设在口岸隔离区内；

（二）运输工具免税商店的销售场所应当设在从事国际运营的运输工具内；

（三）市内免税商店的销售提货点应当设在口岸出境隔离区内。

文件依据：《中华人民共和国海关对免税商店及免税品监管办法》（海关总署令第132号）。

98. 经营免税店向海关申请备案时需要提交哪些资料？

答：经审批准予经营的免税商店，应当在开展经营业务1个月前向主管海关提出验收申请。经主管海关验收合格后，向主管海关办理备案手续，并且提交下列材料：

（一）免税品经营场所和监管仓库平面图、面积和位置示意图；

（二）免税商店业务专用章印模。

上述材料所载内容发生变更的，应当自变更之日起10个工作日内到主管海关办理变更手续。

文件依据：《中华人民共和国海关对免税商店及免税品监管办法》（海关总署令第132号）。

99. 免税品如果过期、变质和不能使用，应如何处置？

答：免税品如果发生过期不能使用或者变质的，免税商店应当向主管海关书面报告，并且填写《免税品报损准单》。主管海关查验核准后，准予退运或者在海关监督下销毁。除前款规定情形外，免税品需要退运的，免税商店应当向主管海关办理相关海关手续。

文件依据：《中华人民共和国海关对免税商店及免税品监管办法》
（海关总署令第132号）

100. 免税品的监管仓库设立应当符合什么条件和要求？

答：根据《中华人民共和国海关对免税商店及免税品监管办法》（海关总署令第132号）第十条规定，免税品监管仓库应当符合以下条件和要求：

（一）具备符合海关监管要求的安全隔离设施；

（二）建立专门的仓库管理制度，编制月度进、出、存情况表，并且配备专职仓库管理员，报海关备案；

（三）只允许存放所属免税商店的免税品；

（四）符合国家有关法律、行政法规、海关规章规定的其他条件和要求。

文件依据：《中华人民共和国海关对免税商店及免税品监管办法》
（海关总署令第132号）

附 录[1]

关于调整《中华人民共和国进境物品归类表》和《中华人民共和国进境物品完税价格表》的公告

（海关总署公告 2019 年第 63 号）

根据《国务院关税税则委员会关于调整进境物品进口税有关问题的通知》（税委会〔2019〕17号），海关总署决定对2018年第140号公告公布的《中华人民共和国进境物品归类表》及《中华人民共和国进境物品完税价格表》进行相应调整，归类原则和完税价格确定原则不变，现予以公布（见附件1、2），自2019年4月9日起执行。

特此公告。

附件[2]：1.中华人民共和国进境物品归类表
　　　　2.中华人民共和国进境物品完税价格表

海关总署
2019年4月8日

---

[1] 本附录仅收录使用频率较高的规章和规范性文件，按前文出现顺序排列。
[2] 附件略。

关于调整进出境个人邮递物品管理措施有关事宜

（海关总署公告2010年第43号）

为进一步规范对进出境个人邮递物品的监管，照顾收件人、寄件人合理需要，现就有关事项公告如下：

一、个人邮寄进境物品，海关依法征收进口税，但应征进口税税额在人民币50元（含50元）以下的，海关予以免征。

二、个人寄自或寄往港、澳、台地区的物品，每次限值为800元人民币；寄自或寄往其他国家和地区的物品，每次限值为1000元人民币。

三、个人邮寄进出境物品超出规定限值的，应办理退运手续或者按照货物规定办理通关手续。但邮包内仅有一件物品且不可分割的，虽超出规定限值，经海关审核确属个人自用的，可以按照个人物品规定办理通关手续。

四、邮运进出口的商业性邮件，应按照货物规定办理通关手续。

五、本公告内容自2010年9月1日起实行。原《海关总署关于调整进出境邮件中个人物品的限值和免税额的通知》（署监〔1994〕774号）同时废止。

特此公告。

二〇一〇年七月二日

《中华人民共和国禁止进出境物品表》和《中华人民共和国限制进出境物品表》

（1993年2月26日海关总署令第43号发布
自1993年3月1日起施行）

中华人民共和国禁止进出境物品表

一、禁止进境物品

1.各种武器、仿真武器、弹药及爆炸物品；

2.伪造的货币及伪造的有价证券；

3.对中国政治、经济、文化、道德有害的印刷品、胶卷、照片、唱片、影片、录音带、录像带、激光视盘、计算机存储介质及其他物品；

4.各种烈性毒药；

5.鸦片、吗啡、海洛因、大麻以及其他能使人成瘾的麻醉品、精神药物；

6.带有危险性病菌、害虫及其他有害生物的动物、植物及其产品；

7.有碍人畜健康的、来自疫区的以及其他能传播疾病的食品、药品或其他物品。

二、禁止出境物品

1.列入禁止进境范围的所有物品；

2.内容涉及国家秘密的手稿、印刷品、胶卷、照片、唱片、影片、录音带、录像带、激光视盘、计算机存储介质及其他物品；

3.珍贵文物及其他禁止出境的文物；

4.濒危的和珍贵的动物、植物（均含标本）及其种子和繁殖材料。

中华人民共和国限制进出境物品表

一、限制进境物品

1.无线电收发信机、通信保密机；

2.烟、酒；

3.濒危的和珍贵的动物、植物（均含标本）及其种子和繁殖材料；

4.国家货币；

5.海关限制进境的其他物品。

二、限制出境物品

1.金银等贵重金属及其制品；

2.国家货币；

3.外币及其有价证券；

4.无线电收发信机、通信保密机；

5.贵重中药材；

6.一般文物；

7.海关限制出境的其他物品。

中华人民共和国海关行政处罚实施条例

（2004年9月19日中华人民共和国国务院令第420号公布　根据2022年3月29日《国务院关于修改和废止部分行政法规的决定》修订）

第一章　总　则

第一条　为了规范海关行政处罚，保障海关依法行使职权，保护公民、法人或者其他组织的合法权益，根据《中华人民共和国海关法》（以下简称海关法）及其他有关法律的规定，制定本实施条例。

第二条　依法不追究刑事责任的走私行为和违反海关监管规定的行为，以及法律、行政法规规定由海关实施行政处罚的行为的处理，适用本实施条例。

第三条　海关行政处罚由发现违法行为的海关管辖，也可以由违法行为发生地海关管辖。

2个以上海关都有管辖权的案件，由最先发现违法行为的海关管辖。

管辖不明确的案件，由有关海关协商确定管辖，协商不成的，报请共同的上级海关指定管辖。

重大、复杂的案件，可以由海关总署指定管辖。

第四条　海关发现的依法应当由其他行政机关处理的违法行为，应当移送有关行政机关处理；违法行为涉嫌犯罪的，应当移送海关侦查走私犯罪公安机构、地方公安机关依法办理。

第五条　依照本实施条例处以警告、罚款等行政处罚，但不没收进出境货物、物品、运输工具的,不免除有关当事人依法缴纳税款、提交进出口许可证件、办理有关海关手续的义务。

第六条 抗拒、阻碍海关侦查走私犯罪公安机构依法执行职务的,由设在直属海关、隶属海关的海关侦查走私犯罪公安机构依照治安管理处罚的有关规定给予处罚。

抗拒、阻碍其他海关工作人员依法执行职务的,应当报告地方公安机关依法处理。

第二章 走私行为及其处罚

第七条 违反海关法及其他有关法律、行政法规,逃避海关监管,偷逃应纳税款、逃避国家有关进出境的禁止性或者限制性管理,有下列情形之一的,是走私行为:

(一)未经国务院或者国务院授权的机关批准,从未设立海关的地点运输、携带国家禁止或者限制进出境的货物、物品或依法应当缴纳税款的货物、物品进出境的;

(二)经过设立海关的地点,以藏匿、伪装、瞒报、伪报或者其他方式逃避海关监管,运输、携带、邮寄国家禁止或者限制进出境的货物、物品或者依法应当缴纳税款的货物、物品进出境的;

(三)使用伪造、变造的手册、单证、印章、账册、电子数据或者以其他方式逃避海关监管,擅自将海关监管货物、物品、进境的境外运输工具,在境内销售的;

(四)使用伪造、变造的手册、单证、印章、账册、电子数据或者以伪报加工贸易制成品单位耗料量等方式,致使海关监管货物、物品脱离监管的;

(五)以藏匿、伪装、瞒报、伪报或者其他方式逃避海关监管,擅自将保税区、出口加工区等海关特殊监管区域内的海关监管货物、物品,运出区外的;

（六）有逃避海关监管，构成走私的其他行为的。

第八条 有下列行为之一的，按走私行为论处：

（一）明知是走私进口的货物、物品，直接向走私人非法收购的；

（二）在内海、领海、界河、界湖，船舶及所载人员运输、收购、贩卖国家禁止或者限制进出境的货物、物品，或者运输、收购、贩卖依法应当缴纳税款的货物，没有合法证明的。

第九条 有本实施条例第七条、第八条所列行为之一的，依照下列规定处罚：

（一）走私国家禁止进出口的货物的，没收走私货物及违法所得，可以并处100万元以下罚款；走私国家禁止进出境的物品的，没收走私物品及违法所得，可以并处10万元以下罚款；

（二）应当提交许可证件而未提交但未偷逃税款，走私国家限制进出境的货物、物品的，没收走私货物、物品及违法所得，可以并处走私货物、物品等值以下罚款；

（三）偷逃应纳税款但未逃避许可证件管理，走私依法应当缴纳税款的货物、物品的，没收走私货物、物品及违法所得，可以并处偷逃应纳税款3倍以下罚款。

专门用于走私的运输工具或者用于掩护走私的货物、物品，2年内3次以上用于走私的运输工具或者用于掩护走私的货物、物品，应当予以没收。藏匿走私货物、物品的特制设备、夹层、暗格，应当予以没收或者责令拆毁。使用特制设备、夹层、暗格实施走私的，应当从重处罚。

第十条 与走私人通谋为走私人提供贷款、资金、账号、发票、证明、海关单证的，与走私人通谋为走私人提供走私货物、物品的提取、发运、运输、保管、邮寄或者其他方便的，以走私的共同当事人论处，没收违法所得，并依照本实施条例第九条的规定予以处罚。

第十一条　海关准予从事海关监管货物的运输、储存、加工、装配、寄售、展示等业务的企业，构成走私犯罪或者1年内有2次以上走私行为的，海关可以撤销其注册登记；报关企业、报关人员有上述情形的，禁止其从事报关活动。

第三章　违反海关监管规定的行为及其处罚

第十二条　违反海关法及其他有关法律、行政法规和规章但不构成走私行为的，是违反海关监管规定的行为。

第十三条　违反国家进出口管理规定，进出口国家禁止进出口的货物的，责令退运，处100万元以下罚款。

第十四条　违反国家进出口管理规定，进出口国家限制进出口的货物，进出口货物的收发货人向海关申报时不能提交许可证件的，进出口货物不予放行，处货物价值30%以下罚款。

违反国家进出口管理规定，进出口属于自动进出口许可管理的货物，进出口货物的收发货人向海关申报时不能提交自动许可证明的，进出口货物不予放行。

第十五条　进出口货物的品名、税则号列、数量、规格、价格、贸易方式、原产地、启运地、运抵地、最终目的地或者其他应当申报的项目未申报或者申报不实的，分别依照下列规定予以处罚，有违法所得的，没收违法所得：

（一）影响海关统计准确性的，予以警告或者处1000元以上1万元以下罚款；

（二）影响海关监管秩序的，予以警告或者处1000元以上3万元以下罚款；

（三）影响国家许可证件管理的，处货物价值5%以上30%以下罚款；

（四）影响国家税款征收的，处漏缴税款30%以上2倍以下罚款；

（五）影响国家外汇、出口退税管理的，处申报价格10%以上50%以下罚款。

第十六条 进出口货物收发货人未按照规定向报关企业提供所委托报关事项的真实情况，致使发生本实施条例第十五条规定情形的，对委托人依照本实施条例第十五条的规定予以处罚。

第十七条 报关企业、报关人员对委托人所提供情况的真实性未进行合理审查，或者因工作疏忽致使发生本实施条例第十五条规定情形的，可以对报关企业处货物价值10%以下罚款，暂停其6个月以内从事报关活动；情节严重的，禁止其从事报关活动。

第十八条 有下列行为之一的，处货物价值5%以上30%以下罚款，有违法所得的，没收违法所得：

（一）未经海关许可，擅自将海关监管货物开拆、提取、交付、发运、调换、改装、抵押、质押、留置、转让、更换标记、移作他用或者进行其他处置的；

（二）未经海关许可，在海关监管区以外存放海关监管货物的；

（三）经营海关监管货物的运输、储存、加工、装配、寄售、展示等业务，有关货物灭失、数量短少或者记录不真实，不能提供正当理由的；

（四）经营保税货物的运输、储存、加工、装配、寄售、展示等业务，不依照规定办理收存、交付、结转、核销等手续，或者中止、延长、变更、转让有关合同不依照规定向海关办理手续的；

（五）未如实向海关申报加工贸易制成品单位耗料量的；

（六）未按照规定期限将过境、转运、通运货物运输出境，擅自留在境内的；

（七）未按照规定期限将暂时进出口货物复运出境或者复运进境，擅自留在境内或者境外的；

（八）有违反海关监管规定的其他行为，致使海关不能或者中断对进出口货物实施监管的。

前款规定所涉货物属于国家限制进出口需要提交许可证件，当事人在规定期限内不能提交许可证件的，另处货物价值30%以下罚款；漏缴税款的，可以另处漏缴税款1倍以下罚款。

第十九条　有下列行为之一的，予以警告，可以处物品价值20%以下罚款，有违法所得的，没收违法所得：

（一）未经海关许可，擅自将海关尚未放行的进出境物品开拆、交付、投递、转移或者进行其他处置的；

（二）个人运输、携带、邮寄超过合理数量的自用物品进出境未向海关申报的；

（三）个人运输、携带、邮寄超过规定数量但仍属自用的国家限制进出境物品进出境，未向海关申报但没有以藏匿、伪装等方式逃避海关监管的；

（四）个人运输、携带、邮寄物品进出境，申报不实的；

（五）经海关登记准予暂时免税进境或者暂时免税出境的物品，未按照规定复带出境或者复带进境的；

（六）未经海关批准，过境人员将其所带物品留在境内的。

第二十条　运输、携带、邮寄国家禁止进出境的物品进出境，未向海关申报但没有以藏匿、伪装等方式逃避海关监管的，予以没收，或者责令退回，或者在海关监管下予以销毁或者进行技术处理。

第二十一条　有下列行为之一的，予以警告，可以处10万元以下罚款，有违法所得的，没收违法所得：

（一）运输工具不经设立海关的地点进出境的；

（二）在海关监管区停留的进出境运输工具，未经海关同意擅自驶离的；

（三）进出境运输工具从一个设立海关的地点驶往另一个设立海

关的地点,尚未办结海关手续又未经海关批准,中途改驶境外或者境内未设立海关的地点的;

(四)进出境运输工具到达或者驶离设立海关的地点,未按照规定向海关申报、交验有关单证或者交验的单证不真实的。

第二十二条 有下列行为之一的,予以警告,可以处5万元以下罚款,有违法所得的,没收违法所得:

(一)未经海关同意,进出境运输工具擅自装卸进出境货物、物品或者上下进出境旅客的;

(二)未经海关同意,进出境运输工具擅自兼营境内客货运输或者用于进出境运输以外的其他用途的;

(三)未按照规定办理海关手续,进出境运输工具擅自改营境内运输的;

(四)未按照规定期限向海关传输舱单等电子数据、传输的电子数据不准确或者未按照规定期限保存相关电子数据,影响海关监管的;

(五)进境运输工具在进境以后向海关申报以前,出境运输工具在办结海关手续以后出境以前,不按照交通主管部门或者海关指定的路线行进的;

(六)载运海关监管货物的船舶、汽车不按照海关指定的路线行进的;

(七)进出境船舶和航空器,由于不可抗力被迫在未设立海关的地点停泊、降落或者在境内抛掷、起卸货物、物品,无正当理由不向附近海关报告的;

(八)无特殊原因,未将进出境船舶、火车、航空器到达的时间、停留的地点或者更换的时间、地点事先通知海关的;

(九)不按照规定接受海关对进出境运输工具、货物、物品进行检查、查验的。

第二十三条　有下列行为之一的，予以警告，可以处3万元以下罚款：

（一）擅自开启或者损毁海关封志的；

（二）遗失海关制发的监管单证、手册等凭证，妨碍海关监管的；

（三）有违反海关监管规定的其他行为，致使海关不能或者中断对进出境运输工具、物品实施监管的。

第二十四条　伪造、变造、买卖海关单证的，处5万元以上50万元以下罚款，有违法所得的，没收违法所得；构成犯罪的，依法追究刑事责任。

第二十五条　进出口侵犯中华人民共和国法律、行政法规保护的知识产权的货物的，没收侵权货物，并处货物价值30%以下罚款；构成犯罪的，依法追究刑事责任。

需要向海关申报知识产权状况，进出口货物收发货人及其代理人未按照规定向海关如实申报有关知识产权状况，或者未提交合法使用有关知识产权的证明文件的，可以处5万元以下罚款。

第二十六条　海关准予从事海关监管货物的运输、储存、加工、装配、寄售、展示等业务的企业，有下列情形之一的，责令改正，给予警告，可以暂停其6个月以内从事有关业务：

（一）拖欠税款或者不履行纳税义务的；

（二）损坏或者丢失海关监管货物，不能提供正当理由的；

（三）有需要暂停其从事有关业务的其他违法行为的。

第二十七条　海关准予从事海关监管货物的运输、储存、加工、装配、寄售、展示等业务的企业，有下列情形之一的，海关可以撤销其注册登记：

（一）被海关暂停从事有关业务，恢复从事有关业务后1年内再次发生本实施条例第二十六条规定情形的；

（二）有需要撤销其注册登记的其他违法行为的。

第二十八条 报关企业、报关人员非法代理他人报关的，责令改正，处5万元以下罚款；情节严重的，禁止其从事报关活动。

第二十九条 进出口货物收发货人、报关企业、报关人员向海关工作人员行贿的，由海关禁止其从事报关活动，并处10万元以下罚款；构成犯罪的，依法追究刑事责任。

第三十条 未经海关备案从事报关活动的，责令改正，没收违法所得，可以并处10万元以下罚款。

第三十一条 提供虚假资料骗取海关注册登记，撤销其注册登记，并处30万元以下罚款。

第三十二条 法人或者其他组织有违反海关法的行为，除处罚该法人或者组织外，对其主管人员和直接责任人员予以警告，可以处5万元以下罚款，有违法所得的，没收违法所得。

第四章　对违反海关法行为的调查

第三十三条 海关发现公民、法人或者其他组织有依法应当由海关给予行政处罚的行为的，应当立案调查。

第三十四条 海关立案后，应当全面、客观、公正、及时地进行调查、收集证据。

海关调查、收集证据，应当按照法律、行政法规及其他有关规定的要求办理。

海关调查、收集证据时，海关工作人员不得少于2人，并应当向被调查人出示证件。

调查、收集的证据涉及国家秘密、商业秘密或者个人隐私的，海关应当保守秘密。

第三十五条 海关依法检查走私嫌疑人的身体，应当在隐蔽的场所或者非检查人员的视线之外，由2名以上与被检查人同性别的海关工作人员执行。

走私嫌疑人应当接受检查，不得阻挠。

第三十六条 海关依法检查运输工具和场所，查验货物、物品，应当制作检查、查验记录。

第三十七条 海关依法扣留走私犯罪嫌疑人，应当制发扣留走私犯罪嫌疑人决定书。对走私犯罪嫌疑人，扣留时间不超过24小时，在特殊情况下可以延长至48小时。

海关应当在法定扣留期限内对被扣留人进行审查。排除犯罪嫌疑或者法定扣留期限届满的，应当立即解除扣留，并制发解除扣留决定书。

第三十八条 下列货物、物品、运输工具及有关账册、单据等资料，海关可以依法扣留：

（一）有走私嫌疑的货物、物品、运输工具；

（二）违反海关法或者其他有关法律、行政法规的货物、物品、运输工具；

（三）与违反海关法或者其他有关法律、行政法规的货物、物品、运输工具有牵连的账册、单据等资料；

（四）法律、行政法规规定可以扣留的其他货物、物品、运输工具及有关账册、单据等资料。

第三十九条 有违法嫌疑的货物、物品、运输工具无法或者不便扣留的，当事人或者运输工具负责人应当向海关提供等值的担保，未提供等值担保的，海关可以扣留当事人等值的其他财产。

第四十条 海关扣留货物、物品、运输工具以及账册、单据等资料的期限不得超过1年。因案件调查需要，经直属海关关长或者其授权的隶属海关关长批准，可以延长，延长期限不得超过1年。但复议、诉讼期间不计算在内。

第四十一条 有下列情形之一的，海关应当及时解除扣留：

（一）排除违法嫌疑的；

（二）扣留期限、延长期限届满的；

（三）已经履行海关行政处罚决定的；

（四）法律、行政法规规定应当解除扣留的其他情形。

第四十二条 海关依法扣留货物、物品、运输工具、其他财产以及账册、单据等资料，应当制发海关扣留凭单，由海关工作人员、当事人或者其代理人、保管人、见证人签字或者盖章，并可以加施海关封志。加施海关封志的，当事人或者其代理人、保管人应当妥善保管。

海关解除对货物、物品、运输工具、其他财产以及账册、单据等资料的扣留，或者发还等值的担保，应当制发海关解除扣留通知书、海关解除担保通知书，并由海关工作人员、当事人或者其代理人、保管人、见证人签字或者盖章。

第四十三条 海关查问违法嫌疑人或者询问证人，应当个别进行，并告知其权利和作伪证应当承担的法律责任。违法嫌疑人、证人必须如实陈述、提供证据。

海关查问违法嫌疑人或者询问证人应当制作笔录，并当场交其辨认，没有异议的，立即签字确认；有异议的，予以更正后签字确认。

严禁刑讯逼供或者以威胁、引诱、欺骗等非法手段收集证据。

海关查问违法嫌疑人，可以到违法嫌疑人的所在单位或者住处进行，也可以要求其到海关或者海关指定的地点进行。

第四十四条 海关收集的物证、书证应当是原物、原件。收集原物、原件确有困难的，可以拍摄、复制，并可以指定或者委托有关单位或者个人对原物、原件予以妥善保管。

海关收集物证、书证，应当开列清单，注明收集的日期，由有关单位或者个人确认后签字或者盖章。

海关收集电子数据或者录音、录像等视听资料，应当收集原始载体。收集原始载体确有困难的，可以收集复制件，注明制作方法、制作时间、制作人等，并由有关单位或者个人确认后签字或者盖章。

第四十五条　根据案件调查需要，海关可以对有关货物、物品进行取样化验、鉴定。

海关提取样品时，当事人或者其代理人应当到场；当事人或者其代理人未到场的，海关应当邀请见证人到场。提取的样品，海关应当予以加封，并由海关工作人员及当事人或者其代理人、见证人确认后签字或者盖章。

化验、鉴定应当交由海关化验鉴定机构或者委托国家认可的其他机构进行。

化验人、鉴定人进行化验、鉴定后，应当出具化验报告、鉴定结论，并签字或者盖章。

第四十六条　根据海关法有关规定，海关可以查询案件涉嫌单位和涉嫌人员在金融机构、邮政企业的存款、汇款。

海关查询案件涉嫌单位和涉嫌人员在金融机构、邮政企业的存款、汇款，应当出示海关协助查询通知书。

第四十七条　海关依法扣留的货物、物品、运输工具，在人民法院判决或者海关行政处罚决定作出之前，不得处理。但是，危险品或者鲜活、易腐、易烂、易失效、易变质等不宜长期保存的货物、物品以及所有人申请先行变卖的货物、物品、运输工具，经直属海关关长或者其授权的隶属海关关长批准，可以先行依法变卖，变卖所得价款由海关保存，并通知其所有人。

第四十八条　当事人有权根据海关法的规定要求海关工作人员回避。

第五章　海关行政处罚的决定和执行

第四十九条　海关作出暂停从事有关业务、撤销海关注册登记、禁止从事报关活动、对公民处1万元以上罚款、对法人或者其他组织处10万元以上罚款、没收有关货物、物品、走私运输工具等行政处罚决定之前，应当告知当事人有要求举行听证的权利；当事人要求听证的，海关应当组织听证。海关行政处罚听证办法由海关总署制定。

第五十条　案件调查终结，海关关长应当对调查结果进行审查，根据不同情况，依法作出决定。

对情节复杂或者重大违法行为给予较重的行政处罚，应当由海关案件审理委员会集体讨论决定。

第五十一条　同一当事人实施了走私和违反海关监管规定的行为且二者之间有因果关系的，依照本实施条例对走私行为的规定从重处罚，对其违反海关监管规定的行为不再另行处罚。

同一当事人就同一批货物、物品分别实施了2个以上违反海关监管规定的行为且二者之间有因果关系的，依照本实施条例分别规定的处罚幅度，择其重者处罚。

第五十二条　对2个以上当事人共同实施的违法行为，应当区别情节及责任，分别给予处罚。

第五十三条　有下列情形之一的，应当从重处罚：

（一）因走私被判处刑罚或者被海关行政处罚后在2年内又实施走私行为的；

（二）因违反海关监管规定被海关行政处罚后在1年内又实施同一违反海关监管规定的行为的；

（三）有其他依法应当从重处罚的情形的。

第五十四条　海关对当事人违反海关法的行为依法给予行政处罚的，应当制作行政处罚决定书。

对同一当事人实施的2个以上违反海关法的行为，可以制发1份行政处罚决定书。

对2个以上当事人分别实施的违反海关法的行为,应当分别制发行政处罚决定书。

对2个以上当事人共同实施的违反海关法的行为,应当制发1份行政处罚决定书,区别情况对各当事人分别予以处罚,但需另案处理的除外。

第五十五条 行政处罚决定书应当依照有关法律规定送达当事人。

依法予以公告送达的,海关应当将行政处罚决定书的正本张贴在海关公告栏内,并在报纸上刊登公告。

第五十六条 海关作出没收货物、物品、走私运输工具的行政处罚决定,有关货物、物品、走私运输工具无法或者不便没收的,海关应当追缴上述货物、物品、走私运输工具的等值价款。

第五十七条 法人或者其他组织实施违反海关法的行为后,有合并、分立或者其他资产重组情形的,海关应当以原法人、组织作为当事人。

对原法人、组织处以罚款、没收违法所得或者依法追缴货物、物品、走私运输工具的等值价款的,应当以承受其权利义务的法人、组织作为被执行人。

第五十八条 罚款、违法所得和依法追缴的货物、物品、走私运输工具的等值价款,应当在海关行政处罚决定规定的期限内缴清。

当事人按期履行行政处罚决定、办结海关手续的,海关应当及时解除其担保。

第五十九条 受海关处罚的当事人或者其法定代表人、主要负责人应当在出境前缴清罚款、违法所得和依法追缴的货物、物品、走私运输工具的等值价款。在出境前未缴清上述款项的,应当向海关提供相当于上述款项的担保。未提供担保,当事人是自然人的,海关可以通知出境管理机关阻止其出境;当事人是法人或者其他组织的,海关可以通知出境管理机关阻止其法定代表人或者主要负责人出境。

第六十条 当事人逾期不履行行政处罚决定的,海关可以采取下列措施:

(一)到期不缴纳罚款的,每日按罚款数额的3%加处罚款;

(二)根据海关法规定,将扣留的货物、物品、运输工具变价抵缴,或者以当事人提供的担保抵缴;

(三)申请人民法院强制执行。

第六十一条 当事人确有经济困难,申请延期或者分期缴纳罚款的,经海关批准,可以暂缓或者分期缴纳罚款。

当事人申请延期或者分期缴纳罚款的,应当以书面形式提出,海关收到申请后,应当在10个工作日内作出决定,并通知申请人。海关同意当事人暂缓或者分期缴纳的,应当及时通知收缴罚款的机构。

第六十二条 有下列情形之一的,有关货物、物品、违法所得、运输工具、特制设备由海关予以收缴:

(一)依照《中华人民共和国行政处罚法》第三十条、第三十一条规定不予行政处罚的当事人携带、邮寄国家禁止进出境的货物、物品进出境的;

(二)散发性邮寄国家禁止、限制进出境的物品进出境或者携带数量零星的国家禁止进出境的物品进出境,依法可以不予行政处罚的;

(三)依法应当没收的货物、物品、违法所得、走私运输工具、特制设备,在海关作出行政处罚决定前,作为当事人的自然人死亡或者作为当事人的法人、其他组织终止,且无权利义务承受人的;

(四)走私违法事实基本清楚,但当事人无法查清,自海关公告之日起满3个月的;

（五）有违反法律、行政法规，应当予以收缴的其他情形的。

海关收缴前款规定的货物、物品、违法所得、运输工具、特制设备，应当制发清单，由被收缴人或者其代理人、见证人签字或者盖章。被收缴人无法查清且无见证人的，应当予以公告。

第六十三条　人民法院判决没收的走私货物、物品、违法所得、走私运输工具、特制设备，或者海关决定没收、收缴的货物、物品、违法所得、走私运输工具、特制设备，由海关依法统一处理，所得价款和海关收缴的罚款，全部上缴中央国库。

第六章　附　则

第六十四条　本实施条例下列用语的含义是：

"设立海关的地点"，指海关在港口、车站、机场、国界孔道、国际邮件互换局（交换站）等海关监管区设立的卡口，海关在保税区、出口加工区等海关特殊监管区域设立的卡口，以及海关在海上设立的中途监管站。

"许可证件"，指依照国家有关规定，当事人应当事先申领，并由国家有关主管部门颁发的准予进口或者出口的证明、文件。

"合法证明"，指船舶及所载人员依照国家有关规定或者依照国际运输惯例所必须持有的证明其运输、携带、收购、贩卖所载货物、物品真实、合法、有效的商业单证、运输单证及其他有关证明、文件。

"物品"，指个人以运输、携带等方式进出境的行李物品、邮寄进出境的物品，包括货币、金银等。超出自用、合理数量的，视为货物。

"自用"，指旅客或者收件人本人自用、馈赠亲友而非为出售或者出租。

"合理数量"，指海关根据旅客或者收件人的情况、旅行目的和居留时间所确定的正常数量。

"货物价值",指进出口货物的完税价格、关税、进口环节海关代征税之和。

"物品价值",指进出境物品的完税价格、进口税之和。

"应纳税款",指进出口货物、物品应当缴纳的进出口关税、进口环节海关代征税之和。

"专门用于走私的运输工具",指专为走私而制造、改造、购买的运输工具。

"以上"、"以下"、"以内"、"届满",均包括本数在内。

第六十五条 海关对外国人、无国籍人、外国企业或者其他组织给予行政处罚的,适用本实施条例。

第六十六条 国家禁止或者限制进出口的货物目录,由国务院对外贸易主管部门依照《中华人民共和国对外贸易法》的规定办理;国家禁止或者限制进出境的物品目录,由海关总署公布。

第六十七条 依照海关规章给予行政处罚的,应当遵守本实施条例规定的程序。

第六十八条 本实施条例自2004年11月1日起施行。1993年2月17日国务院批准修订、1993年4月1日海关总署发布的《中华人民共和国海关法行政处罚实施细则》同时废止。

关于不再执行 20 种商品停止减免税规定的公告

（财政部　海关总署　税务总局 2020 年第 36 号）

经国务院同意，自公告之日起，不再执行《国务院批转关税税则委员会、财政部、国家税务总局关于第二步清理关税和进口环节税减免规定意见的通知》（国发〔1994〕64 号）中关于 20 种商品"无论任何贸易方式、任何地区、企业、单位和个人进口，一律停止减免税"的规定。

20 种商品包括电视机、摄像机、录像机、放像机、音响设备、空调器、电冰箱和电冰柜、洗衣机、照相机、复印机、程控电话交换机、微型计算机及外设、电话机、无线寻呼系统、传真机、电子计算器、打字机及文字处理机、家具、灯具、餐料（指调味品、肉禽蛋菜、水产品、水果、饮料、酒、乳制品）。

自公告之日起，现行相关政策规定与本公告内容不符的，以本公告为准。

财政部
海关总署
税务总局
2020 年 8 月 5 日

关于在全国各对外开放口岸实行新的进出境旅客申报制度

（海关总署公告 2007 年第 72 号）

为进一步简化和规范进出境旅客申报手续，方便旅客进出境，迎接2008年北京奥运会及2010年上海世界博览会，海关总署经研究决定，自2008年2月1日起，在全国各对外开放口岸实行新的进出境旅客申报制度。现就有关事项公告如下：

一、进出境旅客没有携带应向海关申报物品的，无需填写《中华人民共和国海关进出境旅客行李物品申报单》（以下称《申报单》，式样见附件），选择"无申报通道"（又称"绿色通道"）通关。

二、除海关免于监管的人员以及随同成人旅行的16周岁以下旅客以外，进出境旅客携带有应向海关申报物品的，须填写《申报单》，向海关书面申报，并选择"申报通道"（又称"红色通道"）通关。

三、进境旅客携带有下列物品的，应在《申报单》相应栏目内如实填报，并将有关物品交海关验核，办理有关手续：

（一）动、植物及其产品，微生物、生物制品、人体组织、血液制品；

（二）居民旅客在境外获取的总值超过人民币5000元（含5000元，下同）的自用物品；

（三）非居民旅客拟留在中国境内的总值超过2000元的物品；

（四）酒精饮料超过1500毫升（酒精含量12度以上），或香烟超过400支，或雪茄超过100支，或烟丝超过500克；

（五）人民币现钞超过20000元，或外币现钞折合超过5000美元；

（六）分离运输行李，货物、货样、广告品；
（七）其它需要向海关申报的物品。

四、出境旅客携带有下列物品的，应在《申报单》相应栏目内如实填报，并将有关物品交海关验核，办理有关手续：

（一）文物、濒危动植物及其制品、生物物种资源、金银等贵重金属；

（二）居民旅客需复带进境的单价超过5000元的照相机、摄像机、手提电脑等旅行自用物品；

（三）人民币现钞超过20000元，或外币现钞折合超过5000美元；

（四）货物、货样、广告品；

（五）其它需要向海关申报的物品。

五、非居民旅客返程出境时，如需要选择"申报通道"通关，可在其原进境时填写并经海关批注和签章的《申报单》上出境栏目内填写相关内容，或者另填写一份《申报单》，向海关办理出境申报手续。

居民旅客回程进境时，如需要选择"申报通道"通关，可在其原出境时填写并经海关批注和签章的《申报单》上进境栏目内填写相关内容，或者另填写一份《申报单》，向海关办理进境申报手续。

六、持有中华人民共和国政府主管部门给予外交、礼遇签证的进出境旅客，通关时应主动向海关出示本人有效证件，海关予以免验礼遇。

七、违反海关规定，逃避海关监管，携带国家禁止、限制进出境或者依法应当缴纳税款的货物、物品进出境的，海关将依据《中华人民共和国海关法》和《中华人民共和国海关行政处罚实施条例》予以处罚。

八、本公告自 2008 年 2 月 1 日起实施，原海关总署 2005 年第 23 号公告同时废止。

特此公告。

附件：中华人民共和国海关进出境旅客行李物品申报单（式样）[1]

二〇〇七年十二月十一日

---

[1] 本附件略。

出入境人员携带物检疫管理办法

（2012年8月2日国家质量监督检验检疫总局令第146号公布　根据2018年4月28日海关总署令第238号《海关总署关于修改部分规章的决定》第一次修正　根据2018年5月29日海关总署令第240号《海关总署关于修改部分规章的决定》第二次修正　根据2018年11月23日海关总署令第243号《海关总署关于修改部分规章的决定》第三次修正）

第一章　总　则

第一条　为了防止人类传染病及其医学媒介生物、动物传染病、寄生虫病和植物危险性病、虫、杂草以及其他有害生物经国境传入、传出，保护人体健康和农、林、牧、渔业以及环境安全，依据《中华人民共和国进出境动植物检疫法》及其实施条例、《中华人民共和国国境卫生检疫法》及其实施细则、《农业转基因生物安全管理条例》《中华人民共和国濒危野生动植物进出口管理条例》等法律法规的规定，制定本办法。

第二条　本办法所称出入境人员，是指出入境的旅客（包括享有外交、领事特权与豁免权的外交代表）和交通工具的员工以及其他人员。

本办法所称携带物，是指出入境人员随身携带以及随所搭乘的车、船、飞机等交通工具托运的物品和分离运输的物品。

第三条　海关总署主管全国出入境人员携带物检疫和监督管理工作。

主管海关负责所辖地区出入境人员携带物检疫和监督管理工作。

第四条 出入境人员携带下列物品,应当向海关申报并接受检疫:

(一)入境动植物、动植物产品和其他检疫物;

(二)出入境生物物种资源、濒危野生动植物及其产品;

(三)出境的国家重点保护的野生动植物及其产品;

(四)出入境的微生物、人体组织、生物制品、血液及血液制品等特殊物品(以下简称"特殊物品");

(五)出入境的尸体、骸骨等;

(六)来自疫区、被传染病污染或者可能传播传染病的出入境的行李和物品;

(七)其他应当向海关申报并接受检疫的携带物。

第五条 出入境人员禁止携带下列物品进境:

(一)动植物病原体(包括菌种、毒种等)、害虫及其他有害生物;

(二)动植物疫情流行的国家或者地区的有关动植物、动植物产品和其他检疫物;

(三)动物尸体;

(四)土壤;

(五)《中华人民共和国禁止携带、邮寄进境的动植物及其产品名录》所列各物;

(六)国家规定禁止进境的废旧物品、放射性物质以及其他禁止进境物。

第六条 经海关检疫,发现携带物存在重大检疫风险的,海关应当启动风险预警及快速反应机制。

第二章 检疫审批

第七条 携带动植物、动植物产品入境需要办理检疫审批手续的，应当事先向海关总署申请办理动植物检疫审批手续。

第八条 携带植物种子、种苗及其他繁殖材料入境，因特殊情况无法事先办理检疫审批的，应当按照有关规定申请补办。

第九条 因科学研究等特殊需要，携带本办法第五条第一项至第四项规定的物品入境的，应当事先向海关总署申请办理动植物检疫特许审批手续。

第十条 《中华人民共和国禁止携带、邮寄进境的动植物及其产品名录》所列各物，经国家有关行政主管部门审批许可，并具有输出国家或者地区官方机构出具的检疫证书的，可以携带入境。

第十一条 携带特殊物品出入境，应当事先向直属海关办理卫生检疫审批手续。

第三章 申报与现场检疫

第十二条 携带本办法第四条所列各物入境的，入境人员应当按照有关规定申报，接受海关检疫。

第十三条 海关可以在交通工具、人员出入境通道、行李提取或者托运处等现场，对出入境人员携带物进行现场检查，现场检查可以使用X光机、检疫犬以及其他方式进行。

对出入境人员可能携带本办法规定应当申报的携带物而未申报的，海关可以进行查询并抽检其物品，必要时可以开箱（包）检查。

第十四条 出入境人员应当接受检查，并配合检验检疫人员工作。

享有外交、领事特权与豁免权的外国机构和人员公用或者自用的动植物、动植物产品和其他检疫物入境，应当接受海关检疫；海关查验，须有外交代表或者其授权人员在场。

第十五条 对申报以及现场检查发现的本办法第四条所列各物，海关应当进行现场检疫。

第十六条　携带植物种子、种苗及其他繁殖材料进境的，携带人应当取得《引进种子、苗木检疫审批单》或者《引进林木种子、苗木和其它繁殖材料检疫审批单》。海关对上述检疫审批单电子数据进行系统自动比对验核。

携带除本条第一款之外的其他应当办理检疫审批的动植物、动植物产品和其他检疫物以及应当办理动植物检疫特许审批的禁止进境物入境的，携带人应当取得海关总署签发的《中华人民共和国进境动植物检疫许可证》（以下简称"检疫许可证"）和其他相关单证。

主管海关按照检疫审批要求以及有关规定对本条第一、二款规定的动植物和动植物产品及其他检疫物实施现场检疫。

第十七条　携带入境的活动物仅限犬或者猫（以下称"宠物"），并且每人每次限带1只。

携带宠物入境的，携带人应当向海关提供输出国家或者地区官方动物检疫机构出具的有效检疫证书和疫苗接种证书。宠物应当具有芯片或者其他有效身份证明。

第十八条　携带农业转基因生物入境的，携带人应当取得《农业转基因生物安全证书》，凭输出国家或者地区官方机构出具的检疫证书办理相关手续。海关对《农业转基因生物安全证书》电子数据进行系统自动比对验核。列入农业转基因生物标识目录的进境转基因生物，应当按照规定进行标识。

第十九条　携带特殊物品出入境的，携带人应当接受卫生检疫。

携带自用且仅限于预防或者治疗疾病用的血液制品或者生物制品出入境的，不需办理卫生检疫审批手续，但需出示医院的有关证明；允许携带量以处方或者说明书确定的一个疗程为限。

第二十条　携带尸体、骸骨等出入境的，携带人应当按照有关规定向海关提供死者的死亡证明以及其他相关单证。

海关依法对出入境尸体、骸骨等实施卫生检疫。

第二十一条　携带濒危野生动植物及其产品进出境或者携带国家重点保护的野生动植物及其产品出境的，应当在《中华人民共和国濒危野生动植物进出口管理条例》规定的指定口岸进出境，携带人应当取得进出口证明书。海关对进出口证明书电子数据进行系统自动比对验核。

第二十二条　海关对携带人的检疫许可证以及其他相关单证进行核查，核查合格的，应当在现场实施检疫。现场检疫合格且无需作进一步实验室检疫、隔离检疫或者其他检疫处理的，可以当场放行。

携带物与检疫许可证或者其他相关单证不符的，作限期退回或者销毁处理。

第二十三条　携带物有下列情形之一的，海关依法予以截留：

（一）需要做实验室检疫、隔离检疫的；

（二）需要作检疫处理的；

（三）需要作限期退回或者销毁处理的；

（四）应当取得检疫许可证以及其他相关单证，未取得的；

（五）需要移交其他相关部门的。

海关应当对依法截留的携带物出具截留凭证，截留期限不超过7天。

第二十四条　携带动植物、动植物产品和其他检疫物出境，依法需要申报的，携带人应当按照规定申报并提供有关证明。

输入国家或者地区、携带人对出境动植物、动植物产品和其他检疫物有检疫要求的，由携带人提出申请，海关依法实施检疫并出具有关单证。

第二十五条　海关对入境中转人员携带物实行检疫监督管理。

航空公司对运载的入境中转人员携带物应当单独打板或者分舱运载，并在入境中转人员携带物外包装上加施明显标志。海关必要时可以在国内段实施随航监督。

第四章　检疫处理

第二十六条　截留的携带物应当在海关指定的场所封存或者隔离。

第二十七条　携带物需要做实验室检疫、隔离检疫的，经海关截留检疫合格的，携带人应当持截留凭证在规定期限内领取，逾期不领取的，作自动放弃处理；截留检疫不合格又无有效处理方法的，作限期退回或者销毁处理。

逾期不领取或者出入境人员书面声明自动放弃的携带物，由海关按照有关规定处理。

第二十八条　入境宠物应当隔离检疫30天（截留期限计入在内）。

来自狂犬病发生国家或者地区的宠物，应当在海关指定的隔离场隔离检疫30天。

来自非狂犬病发生国家或者地区的宠物，应当在海关指定隔离场隔离7天，其余23天在海关指定的其他场所隔离。

携带宠物属于工作犬，如导盲犬、搜救犬等，携带人提供相应专业训练证明的，可以免予隔离检疫。

海关对隔离检疫的宠物实行监督检查。

第二十九条　携带宠物入境，携带人不能向海关提供输出国家或者地区官方动物检疫机构出具的检疫证书和疫苗接种证书或者超过限额的，由海关作限期退回或者销毁处理。

对仅不能提供疫苗接种证书的工作犬，经携带人申请，海关可以对工作犬接种狂犬病疫苗。

作限期退回处理的，携带人应当在规定的期限内持海关签发的截留凭证，领取并携带宠物出境；逾期不领取的，作自动放弃处理。

第三十条　因应当取得而未取得检疫许可证以及其他相关单证被截留的携带物，携带人应当在截留期限内取得单证，海关对单证核查合格，无需作进一步实验室检疫、隔离检疫或者其他检疫处理的，予以放行；未能取得有效单证的，作限期退回或者销毁处理。

携带农业转基因生物入境，不能提供农业转基因生物安全证书和相关批准文件的，或者携带物与证书、批准文件不符的，作限期退回或者销毁处理。进口农业转基因生物未按照规定标识的，重新标识后方可入境。

第三十一条　携带物有下列情况之一的，按照有关规定实施除害处理或者卫生处理：

（一）入境动植物、动植物产品和其他检疫物发现有规定病虫害的；

（二）出入境的尸体、骸骨不符合卫生要求的；

（三）出入境的行李和物品来自传染病疫区、被传染病污染或者可能传播传染病的；

（四）其他应当实施除害处理或者卫生处理的。

第三十二条　携带物有下列情况之一的，海关按照有关规定予以限期退回或者销毁处理，法律法规另有规定的除外：

（一）有本办法第二十二条、第二十七条、第二十九条和第三十条所列情形的；

（二）法律法规及国家其他规定禁止入境的；

（三）其他应当予以限期退回或者作销毁处理的。

第五章　法律责任

第三十三条　携带动植物、动植物产品和其他检疫物入境有下列行为之一的，由海关处以5000元以下罚款：

（一）应当向海关申报而未申报的；

（二）申报的动植物、动植物产品和其他检疫物与实际不符的；

（三）未依法办理检疫审批手续的；

（四）未按照检疫审批的规定执行的。

有前款第二项所列行为，已取得检疫单证的，予以吊销。

第三十四条 有下列违法行为之一的，由海关处以警告或者100元以上5000元以下罚款：

（一）拒绝接受检疫，拒不接受卫生处理的；

（二）伪造、变造卫生检疫单证的；

（三）瞒报携带禁止进口的微生物、人体组织、生物制品、血液及其制品或者其他可能引起传染病传播的动物和物品的；

（四）未经海关许可，擅自装卸行李的；

（五）承运人对运载的入境中转人员携带物未单独打板或者分舱运载的。

第三十五条 未经海关实施卫生处理，擅自移运尸体、骸骨的，由海关处以1000元以上1万元以下罚款。

第三十六条 有下列行为之一的，由海关处以3000元以上3万元以下罚款：

（一）未经海关许可擅自将进境、过境动植物、动植物产品和其他检疫物卸离运输工具或者运递的；

（二）未经海关许可，擅自调离或者处理在海关指定的隔离场所中截留隔离的携带物的；

（三）擅自开拆、损毁动植物检疫封识或者标志的。

第三十七条 伪造、变造动植物检疫单证、印章、标志、封识的，应当依法移送公安机关；尚不构成犯罪或者犯罪情节显著轻微依法不需要判处刑罚的，由海关处以2万元以上5万元以下罚款。

第三十八条 携带废旧物品，未向海关申报，未经海关实施卫生处理并签发有关单证而擅自入境、出境的，由海关处以5000元以上3万元以下罚款。

第三十九条 买卖动植物检疫单证、印章、标志、封识或者买卖伪造、变造的动植物检疫单证、印章、标志、封识的，有违法所得的，由海关处以违法所得3倍以下罚款，最高不超过3万元；无违法所得的，由海关处以1万元以下罚款。

买卖卫生检疫单证或者买卖伪造、变造的卫生检疫单证的，有违法所得的，由海关处以违法所得3倍以下罚款，最高不超过5000元；无违法所得的，由海关处以100元以上5000元以下罚款。

第四十条 有下列行为之一的，由海关处以1000元以下罚款：

（一）盗窃动植物检疫单证、印章、标志、封识或者使用伪造、变造的动植物检疫单证、印章、标志、封识的；

（二）盗窃卫生检疫单证或者使用伪造、变造的卫生检疫单证的；

（三）使用伪造、变造的国外官方机构出具的检疫证书的。

第四十一条 出入境人员拒绝、阻碍海关及其工作人员依法执行职务的，依法移送有关部门处理。

第四十二条 海关工作人员应当秉公执法、忠于职守，不得滥用职权、玩忽职守、徇私舞弊；违法失职的，依法追究责任。

第六章 附 则

第四十三条 本法所称分离运输的物品是指出入境人员在其入境后或者出境前6个月内（含6个月），以托运方式运进或者运出的本人行李物品。

第四十四条 需要收取费用的，海关按照有关规定执行。

第四十五条 违反本办法规定，构成犯罪的，依法追究刑事责任。

第四十六条 本办法由海关总署负责解释。

第四十七条 本办法自2012年11月1日起施行。国家质检总局2003年11月6日发布的《出入境人员携带物检疫管理办法》（国家质检总局令第56号）同时废止。

关于电子烟征税有关事项的公告

（海关总署公告 2022 年第 102 号）

根据财政部、海关总署、税务总局公告 2022 年第 33 号（关于对电子烟征收消费税的公告，以下简称第 33 号公告）和国务院关税税则委员会有关规定，现就电子烟征税有关事项公告如下：

一、通过货物渠道进口电子烟按照第 33 号公告规定的税则号列征收消费税，其中"不含烟草或再造烟草、含尼古丁的非经燃烧吸用的产品"进口商品编号应填报 24041200.00、"可将税目 24041200 所列产品中的雾化物雾化为可吸入气溶胶的设备及装置，无论是否配有烟弹"进口商品编号应填报 85434000.10。

二、《中华人民共和国进境物品归类表》和《中华人民共和国进境物品完税价格表》增加电子烟相关内容，具体调整情况详见附件 1 和附件 2。

三、旅客进境可免税携带烟具 2 个；电子烟烟弹（液态雾化物）或烟弹与烟具组合销售的产品（包括一次性电子烟等）6 个，但合计烟液容量不超过 12mL。往返港澳地区的旅客可免税携带烟具 1 个；电子烟烟弹（液态雾化物）或烟弹与烟具组合销售的产品（包括一次性电子烟等）3 个，但合计烟液容量不超过 6mL。短期内多次来往旅客可免税携带烟具 1 个；电子烟烟弹（液态雾化物）或烟弹与烟具组合销售的产品（包括一次性电子烟等）1 个，但合计烟液容量不超过 2mL。没有标识烟液容量的电子烟禁止携带进境。

超出以上规定数量或容量，但经海关审核确属自用的，海关仅对超出部分予以征税，对不可分割的单件，全额征税。旅客带进征税的电子烟数量容量，限制在免税限量之内。

旅客免税携带进境电子烟的总值不计入行李物品免税额度。其他烟草制品仍按现行有关规定执行，不计入行李物品免税额度。

不满16周岁的旅客，禁止携带电子烟进境。

四、通过邮件快件个人物品进境的电子烟按照现行海关总署对进出境个人邮递物品有关规定执行。

五、本公告自2022年11月1日起执行。凡此前规定与本公告不一致的，以本公告为准。

特此公告。

附件[1]：1.《中华人民共和国进境物品归类表》调整情况

2.《中华人民共和国进境物品完税价格表》调整情况

海关总署
2022年10月27日

1　附件略。

关于进境旅客所携行李物品验放标准有关事宜的公告

（海关总署公告 2010 年第 54 号）

为进一步增强海关执法透明度，方便旅客进出境，明确进境旅客行李物品征免税规定，规范和统一海关验放标准，现就有关事项公告如下：

一、进境居民旅客携带在境外获取的个人自用进境物品，总值在5000元人民币以内（含5000元）的；非居民旅客携带拟留在中国境内的个人自用进境物品，总值在2000元人民币以内（含2000元）的，海关予以免税放行，单一品种限自用、合理数量，但烟草制品、酒精制品以及国家规定应当征税的20种商品等另按有关规定办理。

二、进境居民旅客携带超出5000元人民币的个人自用进境物品，经海关审核确属自用的；进境非居民旅客携带拟留在中国境内的个人自用进境物品，超出人民币2000元的，海关仅对超出部分的个人自用进境物品征税，对不可分割的单件物品，全额征税。

三、有关短期内多次来往旅客行李物品征免税规定、验放标准等事项另行规定。

特此公告。

二〇一〇年八月十九日

中华人民共和国海关对中国籍旅客进出境行李物品的管理规定

（1996年8月10日海关总署令第58号公布　根据2010年11月26日海关总署令第198号《海关总署关于修改部分规章的决定》第一次修正　根据2017年12月20日海关总署令第235号《海关总署关于修改部分规章的决定》第二次修正）

第一条　根据《中华人民共和国海关法》及其他有关法规，制定本规定。

第二条　本规定适用于凭中华人民共和国护照等有效旅行证件出入境的旅客，包括公派出境工作、考察、访问、学习和因私出境探亲、访友、旅游、经商、学习等中国籍居民旅客和华侨、台湾同胞、港澳同胞等中国籍非居民旅客。

第三条　中国籍旅客携运进境的行李物品，在本规定所附《中国籍旅客带进物品限量表》(简称《限量表》，见附件1)规定的征税或免税物品品种、限量范围内的，海关准予放行，并分别验凭旅客有效出入境旅行证件及其他有关证明文件办理物品验放手续。

对不满16周岁者，海关只放行其旅途需用的《限量表》第一类物品。

第四条　中国籍旅客携运进境物品，超出规定免税限量仍属自用的，经海关核准可征税放行。

第五条　中国籍旅客携带旅行自用物品进出境，按照《中华人民共和国海关对进出境旅客旅行自用物品的管理规定》办理验放手续。

第六条　获准进境定居的中国籍非居民旅客携运进境其在境外拥有并使用过的自用物品及车辆，应当在获准定居后六个月内凭中华人民共和国有关主管部门签发的定居证明，向海关办理通关手续。上述自用物品向定居地主管海关或者口岸海关申报，除《定居旅客应税自用及安家物品清单》（见附件2）所列物品需征税外，经海关审核在合理数量范围内的准予免税进境。其中完税价格在人民币1000元以上、5000元以下（含5000元）的物品每种限1件。自用小汽车和摩托车向定居地主管海关申报，每户准予征税进境各1辆。

第七条　定居旅客自进境之日起，居留时间不满二年，再次出境定居的，其免税携运进境的自用物品应复运出境，或依照相关规定向海关补缴进口税。

再次出境定居的旅客，在外居留不满二年，重新进境定居者，海关对其携运进境的自用物品均按本规定第三条办理。

第八条　进境长期工作、学习的中国籍非居民旅客，在取得长期居留证件之前，海关按照本规定验放其携运进出境的行李物品；在取得长期居留证件之后，另按海关对非居民长期旅客和常驻机构进出境公、私用物品的规定办理。

第九条　对短期内多次来往香港、澳门地区的旅客和经常出入境人员以及边境地区居民，海关只放行其旅途必需物品。具体管理规定授权有关海关制定并报中华人民共和国海关总署批准后公布实施。

前款所述"短期内多次来往"和"经常出入境"指半个月（15日）内进境超过1次。

第十条　除国家禁止和限制出境的物品另按有关规定办理外，中国籍旅客携运出境的行李物品，经海关审核在自用合理数量范围内的，准予出境。

以分离运输方式运出的行李物品，应由本人凭有效的出境证件，在本人出境前向所在地海关办理海关手续。

第十一条 中国籍旅客进出境行李物品，超出自用合理数量及规定的限量、限值或品种范围的，除另有规定者外，海关不予放行。除本人声明放弃外，应在三个月内由本人或其代理人向海关办理退运手续；逾期不办的，由海关按《中华人民共和国海关法》第五十一条规定处理。

第十二条 旅客进出境时应遵守本规定和中华人民共和国海关总署授权有关海关为实施本规定所公告的其他补充规定。违者，海关将依照《中华人民共和国海关法》和《中华人民共和国海关行政处罚实施条例》的有关规定处理。

第十三条 本规定由中华人民共和国海关总署负责解释。

第十四条 本规定自1996年8月15日起实施。

附件：

1. 中国籍旅客带进物品限量表
2. 定居旅客应税自用物品及安家物品清单

附件1

中国籍旅客带进物品限量表

（中华人民共和国海关总署1996年8月15日修订）

类别	品种	限量
第一类物品	衣料、衣着、鞋、帽、工艺美术品和价值人民币1,000元以下（含1,000元）的其它生活用品	自用合理数量范围内免税，其中价值人民币800元以上，1,000元以下的物品每种限一件
第二类物品	烟草制品酒精饮料	（1）香港、澳门地区居民及因私往来香港、澳门地区的内地居民，免税香烟200支，或雪茄50支，或烟丝250克；免税12度以上酒精饮料限1瓶（0.75升以下） （2）其他旅客，免税香烟400支，或雪茄100支，或烟丝500克；免税12度以上酒精饮料限2瓶（1.5升以下）
第三类物品	价值人民币1,000元以上，5,000元以下（含5,000元）的生活用品	（1）驻境外的外交机构人员、我出国留学人员和访问学者、赴外劳务人员和援外人员，连续在外每满180天（其中留学人员和访问学者物品验放时间从注册入学之日起算至毕业结业之日止），远洋船员在外每满120天任选其中1件免税 （2）其他旅客每公历年度内进境可任选其中1件征税

注　1. 本表所称进境物品价值以海关审定的完税价格为准；
　　2. 超出本表所列最高限值的物品，另按有关规定办理；
　　3. 根据规定可免税带进的第三类物品，同一品种物品公历年度内不得重复；
　　4. 对不满16周岁者，海关只放行其旅途需用的第一类物品；
　　5. 本表不适用于短期内多次来往香港、澳门地区旅客和经常进出境人员以及边境地区居民。

附件 2

定居旅客应税自用及安家物品清单

1. 电视机
2. 摄像机
3. 录像机
4. 放像机
5. 音响设备
6. 空调器
7. 电冰箱　电冰柜
8. 洗衣机
9. 照相机
10. 传真机
11. 打印机及文字处理机
12. 微型计算机及外设
13. 电话机
14. 家具
15. 灯具
16. 餐料（含饮料、酒）
17. 小汽车
18. 摩托车

中华人民共和国海关对进出境旅客行李物品监管办法

（1989年11月1日海关总署令第9号公布 根据2010年11月26日海关总署令第198号《海关总署关于修改部分规章的决定》修正 根据2017年12月20日海关总署令第235号《海关总署关于修改部分规章的决定》第二次修正）

第一章 总 则

第一条 依照《中华人民共和国海关法》，制定本办法。

第二条 进出境旅客行李物品，必须通过设立海关的地点进境或者出境。

第三条 进出境旅客必须将所带的全部行李物品交海关查验。在交验前，应填写"旅客行李申报单"或海关规定的其他申报单证向海关申报；或按海关规定的申报方式如实向海关申报。

旅客经由实施"红绿通道"验放制度的海关进出境，应按照海关公布的选择"红绿通道"的规定，选择通道，办理行李物品进境或出境手续。

第四条 查验进出境旅客行李物品的时间和场所，由海关指定。海关查验行李物品时，物品所有人应当到场并负责搬移物品，开拆和重封物品的包装。海关认为必要时，可以单独进行查验。海关对进出境行李物品加施的封志，任何人不得擅自开启或者损毁。

第五条 进出境旅客可以自行办理报关纳税手续，也可以委托他人办理报关纳税手续；接受委托办理报关纳税手续的代理人应当按照本办法对其委托人的各项规定办理海关手续，承担各项义务和责任。

第六条 旅客行李物品，应以自用合理数量为限，超出自用合理数量范围的，不准进境或出境。旅客行李物品，经海关审核，按本办法附件《旅客进出境行李物品分类表》（以下简称《分类表》）规定的范围验放。进出境物品的合理数量和准许各类旅客进出境物品的具体限值、限量及征免税规定，另行制定。

第七条 旅客携运《中华人民共和国禁止进出境物品表》所列的物品进出境，在海关检查以前主动报明的，分别予以没收或者责令退回，并可酌情处以罚款。藏匿不报的，按照《中华人民共和国海关法》第八十二条的规定处罚。

旅客携运《中华人民共和国限制进出境物品表》所列物品和中华人民共和国政府特别管制的物品进出境，海关按国家有关法规办理。

第八条 旅客以分离运输方式运进行李物品，应当在进境时向海关申报。经海关核准后，自旅客进境之日起六个月内（含六个月，下同）运进。海关办理验放手续时，连同已经放行的行李物品合并计算。

以分离运输方式运出的行李物品，应由物品所有人凭有效的出境证件在出境前办妥海关手续。

第九条 经海关核准暂时进出境的旅行自用物品，在旅客行李物品监管时限内，由旅客复带出境或进境。海关依照规定凭担保准予暂时免税放行的其他物品，应由旅客在规定期限内，办结进出境手续或将原物复带出境或进境。

第十条 进出境物品所有人声明放弃的物品和自运输工具申报进境之日起逾期三个月（易腐及易失效的物品可提前处理，下同）未办理海关手续的物品，以及在海关监管区内逾期三个月无人认领的物品，均由海关按照《中华人民共和国海关法》第五十一条的规定处理。

第十一条　旅客携运属下列情形的物品，海关不予放行，予以退运或由旅客存入海关指定的仓库。物品所有人应当在三个月内办理退运、结案手续。逾期不办的，由海关依照本办法第十条的规定处理：

（一）不属自用的；

（二）超出合理数量范围的；

（三）超出海关规定的物品品种、规格、限量、限值的；

（四）未办理海关手续的；

（五）未按章缴税的；

（六）根据规定不能放行的其他物品。

第十二条　旅客应在旅客行李物品监管时限内，依照本办法和根据本办法制定的其他管理规定，办结物品进出境的海关手续。

第十三条　海关依照本办法和根据本办法制定的其他管理规定免税放行的物品，自物品进境之日起两年内，出售、转让、出租或移作他用的，应向海关申请批准并按规定补税。

按规定免税或征税进境的汽车，不得出售、转让、出租或移作他用。在汽车运进使用两年后，因特殊原因需要转让的，必须报经海关批准；其中免税运进的，应按规定补税。

第十四条　进境旅客携带"境外售券、境内提货"单据进境，应向海关申报，海关办理物品验放手续时，连同其随身携带的实物合并计入有关征免税限量。

第十五条　涉及特定地区、特定旅客和特定物品进出境的管理规定，由中华人民共和国海关总署授权有关海关依照本办法的原则制定，经海关总署批准后，予以公告实施。

第十六条　进出境旅客未按本办法或根据本办法制定的其他管理规定办理进出境物品的报关、纳税以及其他有关手续的，有关物品不准进境或出境。对违反本办法并构成走私或违反海关监管规定行为的，海关依照《中华人民共和国海关法》和《中华人民共和国海关行政处罚实施条例》给予处罚。

第二章 短期旅客

第十七条 短期旅客携带进出境的行李物品应以旅行需用物品为限。

短期旅客中的居民和非居民中的中国籍人携带进境属于《分类表》第三类物品，海关按照规定的限值、限量予以征税或免税放行。

短期旅客中的其他非居民携带进境属于《分类表》第三类物品，海关按本办法第九条规定办理。

经常进出境的边境居民，边境邮政、运输机构工作人员和边境运输工具服务人员，以及其他经常进出境的人员，携带进出境的物品，除另有规定者外，应以旅途必须应用的物品为限。未经海关批准，不准带进属于《分类表》第三类物品。

凭特殊通行证件来往香港、澳门地区的短期旅客进出境行李物品的管理规定，海关依据本办法另行制定的规定办理。

第三章 长期旅客

第十八条 长期旅客中的非居民进境后，在规定期限内报运进境其居留期间自用物品或安家物品，海关凭中华人民共和国政府主管部门签发的长期居留证件（或常驻户口登记证件）、其他批准文件和身份证件，办理通关手续。

上述人员在办妥上述手续前进出境或在境内居留期间临时出、进境携带的物品，海关依照本办法第十七条规定办理。

第十九条 长期旅客中的居民进出境行李物品的管理规定，根据本办法另行制定。

第四章　定居旅客

第二十条　获准进境定居的旅客在规定期限内报运进境安家物品，应当依照有关规定向主管海关或者口岸海关提交中华人民共和国政府主管部门签发的定居证明或者批准文件。其在境外拥有并使用过的数量合理的自用物品，准予免税进境；自用小汽车准予每户征税进境一辆。

进境定居旅客自进境之日起，居留时间不满二年，再次出境定居的，其免税携运进境的安家物品应复运出境，或向海关补税。

第二十一条　获准出境定居的旅客携运出境的安家物品，除国家禁止或限制出境的物品需按有关规定办理外，均可予以放行。

第五章　过境旅客

第二十二条　过境旅客未经海关批准，不得将物品留在境内。

第二十三条　进境后不离开海关监管下的交通工具或海关监管区直接出境的旅客，海关一般不对其行李物品进行查验，但必要时，海关可以查验。

第二十四条　过境旅客获准离开海关监管区，转换交通工具出境的，海关依照本办法第十七条规定办理。

第六章　附　则

第二十五条　享有外交特权和豁免的人员携运进出境的行李物品，另按中华人民共和国海关总署制定的有关规定办理。

第二十六条　本办法的附件，由中华人民共和国海关总署根据具体情况修订发布实行。

第二十七条　本办法下列用语含义：

"非居民"指进境居留后仍回到境外其通常定居地者。

"居民"指出境居留后仍回到境内其通常定居地者。

"旅客"指进出境的居民或非居民。

"短期旅客"指获准进境或出境暂时居留不超过一年的旅客。

"长期旅客"指获准进境或出境连续居留时间在一年以上（含一年）的旅客。

"定居旅客"指取得中华人民共和国主管部门签发的进境或出境定居证明或批准文件，移居境内或境外的旅客。

"过境旅客"指凭有效过境签证，从境外某地，通过境内，前往境外另一地的旅客。

"行李物品"指旅客为其进出境旅行或者居留的需要而携运进出境的物品。

"自用"指旅客本人自用、馈赠亲友而非为出售或出租。

"合理数量"指海关根据旅客旅行目的和居留时间所规定的正常数量。

"旅客行李物品监管时限"指非居民本次进境之日始至最近一次出境之日止，或居民本次出境之日始至最近一次进境之日止的时间。

"分离运输行李"指旅客在其进境后或出境前的规定期限内以托运方式运进或运出的本人行李物品。

"征免税"指征收或减免进出口关税（即进口旅客行李物品和个人邮递物品税）。

"担保"指以向海关缴纳保证金或提交保证函的方式，保证在规定期限内履行其承诺的义务的法律行为。

第二十八条 本办法由中华人民共和国海关总署解释。

第二十九条 本办法自一九八九年十二月一日起实施。原对外贸易部1958年9月29日（58）关行林字第985号命令发布的《海关对进出境旅客行李物品监管办法》同时废止。

附件：旅客进出境行李物品分类表

附件

旅客进出境行李物品分类表

（中华人民共和国海关总署 1996 年 8 月 15 日修订）

第一类物品

衣料、衣着、鞋、帽、工艺美术品和价值人民币1000元以下（含1000元）的其它生活用品

第二类物品

烟草制品，酒精饮料

第三类物品

价值人民币1000元以上，5000元以下（含5000元）的生活用品

注：

1. 本表所称进境物品价值以海关审定的完税价格为准，出境物品价值以国内法定商业发票所列价格为准；

2. 准许各类旅客携运本表所列物品进出境的具体征、免税限量由中华人民共和国海关总署另行规定；

3. 本表第一、二类列名物品不再按值归类，除另有规定者外，超出本表所列最高限值的物品不视为旅客行李物品。

出入境特殊物品卫生检疫管理规定

（2015年1月21日国家质量监督检验检疫总局令第160号公布 根据2016年10月18日国家质量监督检验检疫总局令第184号《国家质量监督检验检疫总局关于修改和废止部分规章的决定》第一次修正 根据2018年4月28日海关总署令第238号《海关总署关于修改部分规章的决定》第二次修正 根据2018年5月29日海关总署令第240号《海关总署关于修改部分规章的决定》第三次修正 根据2018年11月23日海关总署令第243号《海关总署关于修改部分规章的决定》第四次修正）

第一章 总 则

第一条 为了规范出入境特殊物品卫生检疫监督管理，防止传染病传入、传出，防控生物安全风险，保护人体健康，根据《中华人民共和国国境卫生检疫法》及其实施细则、《艾滋病防治条例》《病原微生物实验室生物安全管理条例》和《人类遗传资源管理暂行办法》等法律法规规定，制定本规定。

第二条 本规定适用于入境、出境的微生物、人体组织、生物制品、血液及其制品等特殊物品的卫生检疫监督管理。

第三条 海关总署统一管理全国出入境特殊物品的卫生检疫监督管理工作；主管海关负责所辖地区的出入境特殊物品卫生检疫监督管理工作。

第四条 出入境特殊物品卫生检疫监督管理遵循风险管理原则，在风险评估的基础上根据风险等级实施检疫审批、检疫查验和监督管理。

海关总署可以对输出国家或者地区的生物安全控制体系进行评估。

第五条　出入境特殊物品的货主或者其代理人，应当按照法律法规规定和相关标准的要求，输入、输出以及生产、经营、使用特殊物品，对社会和公众负责，保证特殊物品安全，接受社会监督，承担社会责任。

第二章　检疫审批

第六条　直属海关负责辖区内出入境特殊物品的卫生检疫审批（以下简称特殊物品审批）工作。

第七条　申请特殊物品审批应当具备下列条件：

（一）法律法规规定须获得相关部门批准文件的，应当获得相应批准文件；

（二）具备与出入境特殊物品相适应的生物安全控制能力。

第八条　入境特殊物品的货主或者其代理人应当在特殊物品交运前向目的地直属海关申请特殊物品审批。

出境特殊物品的货主或者其代理人应当在特殊物品交运前向其所在地直属海关申请特殊物品审批。

第九条　申请特殊物品审批的，货主或者其代理人应当按照以下规定提供相应材料：

（一）《入/出境特殊物品卫生检疫审批申请表》；

（二）出入境特殊物品描述性材料，包括特殊物品中英文名称、类别、成分、来源、用途、主要销售渠道、输出输入的国家或者地区、生产商等；

（三）入境用于预防、诊断、治疗人类疾病的生物制品、人体血液制品，应当提供国务院药品监督管理部门发给的进口药品注册证书；

（四）入境、出境特殊物品含有或者可能含有病原微生物的，应当提供病原微生物的学名（中文和拉丁文）、生物学特性的说明性文件（中英文对照件）以及生产经营者或者使用者具备相应生物安全防控水平的证明文件；

（五）出境用于预防、诊断、治疗的人类疾病的生物制品、人体血液制品，应当提供药品监督管理部门出具的销售证明；

（六）出境特殊物品涉及人类遗传资源管理范畴的，应当取得人类遗传资源管理部门出具的批准文件，海关对有关批准文件电子数据进行系统自动比对验核；

（七）使用含有或者可能含有病原微生物的出入境特殊物品的单位，应当提供与生物安全风险等级相适应的生物安全实验室资质证明，BSL-3级以上实验室必须获得国家认可机构的认可；

（八）出入境高致病性病原微生物菌（毒）种或者样本的，应当提供省级以上人民政府卫生主管部门的批准文件。

第十条 申请人为单位的，首次申请特殊物品审批时，除提供本规定第九条所规定的材料以外，还应当提供下列材料：

（一）单位基本情况，如单位管理体系认证情况、单位地址、生产场所、实验室设置、仓储设施设备、产品加工情况、生产过程或者工艺流程、平面图等；

（二）实验室生物安全资质证明文件。

申请人为自然人的，应当提供身份证复印件。

出入境病原微生物或者可能含有病原微生物的特殊物品，其申请人不得为自然人。

第十一条 直属海关对申请人提出的特殊物品审批申请，应当根据下列情况分别作出处理：

（一）申请事项依法不需要取得特殊物品审批的，应当即时告知申请人不予受理；

（二）申请事项依法不属于本单位职权范围的，应当即时作出不予受理的决定，并告知申请人向有关行政机关或者其他直属海关申请；

（三）申请材料存在可以当场更正的错误的，应当允许申请人当场更正；

（四）申请材料不齐全或者不符合法定形式的，应当当场或者自收到申请材料之日起5日内一次性告知申请人需要补正的全部内容。逾期不告知的，自收到申请材料之日起即为受理；

（五）申请事项属于本单位职权范围，申请材料齐全、符合法定形式，或者申请人按照本单位的要求提交全部补正申请材料的，应当受理行政许可申请。

第十二条　直属海关对申请材料应当及时进行书面审查。并可以根据情况采取专家资料审查、现场评估、实验室检测等方式对申请材料的实质内容进行核实。

第十三条　申请人的申请符合法定条件、标准的，直属海关应当自受理之日起20日内签发《入/出境特殊物品卫生检疫审批单》（以下简称《特殊物品审批单》）。

申请人的申请不符合法定条件、标准的，直属海关应当自受理之日起20日内作出不予审批的书面决定并说明理由，告知申请人享有依法申请行政复议或者提起行政诉讼的权利。

直属海关20日内不能作出审批或者不予审批决定的，经本行政机关负责人批准，可以延长10日，并应当将延长期限的理由告知申请人。

第十四条　《特殊物品审批单》有效期如下：

（一）含有或者可能含有高致病性病原微生物的特殊物品，有效期为3个月。

（二）含有或者可能含有其它病原微生物的特殊物品，有效期为

6个月。

（三）除上述规定以外的其它特殊物品，有效期为12个月。

《特殊物品审批单》在有效期内可以分批核销使用。超过有效期的，应当重新申请。

第三章　检疫查验

第十五条　入境特殊物品到达口岸后，货主或者其代理人应当凭《特殊物品审批单》及其他材料向入境口岸海关报检。

出境特殊物品的货主或者其代理人应当在出境前凭《特殊物品审批单》及其他材料向其所在地海关报检。

报检材料不齐全或者不符合法定形式的，海关不予入境或者出境。

第十六条　受理报检的海关应当按照下列要求对出入境特殊物品实施现场查验，并填写《入/出境特殊物品卫生检疫现场查验记录》：

（一）检查出入境特殊物品名称、成分、批号、规格、数量、有效期、运输储存条件、输出/输入国和生产厂家等项目是否与《特殊物品审批单》的内容相符；

（二）检查出入境特殊物品包装是否安全无破损，不渗、不漏，存在生物安全风险的是否具有符合相关要求的生物危险品标识。

入境口岸查验现场不具备查验特殊物品所需安全防护条件的，应当将特殊物品运送到符合生物安全等级条件的指定场所实施查验。

第十七条　对需实验室检测的入境特殊物品，货主或者其代理人应当按照口岸海关的要求将特殊物品存放在符合条件的储存场所，经检疫合格后方可移运或者使用。口岸海关不具备检测能力的，应当委托有相应资质的实验室进行检测。

含有或者可能含有病原微生物、毒素等生物安全危害因子的入境特殊物品的，口岸海关实施现场查验后应当及时电子转单给目的地海关。目的地海关应当实施后续监管。

第十八条　邮寄、携带的出入境特殊物品，未取得《特殊物品审批单》的，海关应当予以截留并出具截留凭证，截留期限不超过7天。

邮递人或者携带人在截留期限内取得《特殊物品审批单》后，海关按照本规定第十六条规定进行查验，经检疫查验合格的予以放行。

第十九条　携带自用且仅限于预防或者治疗疾病用的血液制品或者生物制品出入境的，不需办理卫生检疫审批手续，出入境时应当向海关出示医院的有关证明；允许携带量以处方或者说明书确定的一个疗程为限。

第二十条　口岸海关对经卫生检疫符合要求的出入境特殊物品予以放行。有下列情况之一的，由口岸海关签发《检验检疫处理通知书》，予以退运或者销毁：

（一）名称、批号、规格、生物活性成分等与特殊物品审批内容不相符的；

（二）超出卫生检疫审批的数量范围的；

（三）包装不符合特殊物品安全管理要求的；

（四）经检疫查验不符合卫生检疫要求的；

（五）被截留邮寄、携带特殊物品自截留之日起7日内未取得《特殊物品审批单》的，或者取得《特殊物品审批单》后，经检疫查验不合格的。

口岸海关对处理结果应当做好记录、归档。

第四章　监督管理

第二十一条　出入境特殊物品单位，应当建立特殊物品安全管理制度，严格按照特殊物品审批的用途生产、使用或者销售特殊物品。

出入境特殊物品单位应当建立特殊物品生产、使用、销售记录。记录应当真实，保存期限不得少于2年。

第二十二条　海关对出入境特殊物品实施风险管理，根据出入境特殊物品可能传播人类疾病的风险对不同风险程度的特殊物品划分为不同的风险等级，并采取不同的卫生检疫监管方式。

出入境特殊物品的风险等级及其对应的卫生检疫监管方式由海关总署统一公布。

第二十三条　需实施后续监管的入境特殊物品，其使用单位应当在特殊物品入境后30日内，到目的地海关申报，由目的地海关实施后续监管。

第二十四条　海关对入境特殊物品实施后续监管的内容包括：

（一）使用单位的实验室是否与《特殊物品审批单》一致；

（二）入境特殊物品是否与《特殊物品审批单》货证相符。

第二十五条　在后续监管过程中发现下列情形的，由海关撤回《特殊物品审批单》，责令其退运或者销毁：

（一）使用单位的实验室与《特殊物品审批单》不一致的；

（二）入境特殊物品与《特殊物品审批单》货证不符的。

海关对后续监管过程中发现的问题，应当通报原审批的直属海关。情节严重的应当及时上报海关总署。

第二十六条　海关工作人员应当秉公执法、忠于职守，在履行职责中，对所知悉的商业秘密负有保密义务。

第五章　法律责任

第二十七条　违反本规定，有下列情形之一的，由海关按照《中华人民共和国国境卫生检疫法实施细则》第一百一十条规定处以警告或者100元以上5000元以下的罚款：

（一）拒绝接受检疫或者抵制卫生检疫监督管理的；

（二）伪造或者涂改卫生检疫单、证的；

（三）瞒报携带禁止进口的微生物、人体组织、生物制品、血液及其制品或者其他可能引起传染病传播的动物和物品的。

第二十八条　违反本规定，有下列情形之一的，有违法所得的，由海关处以3万元以下的罚款：

（一）以欺骗、贿赂等不正当手段取得特殊物品审批的；

（二）未经海关许可，擅自移运、销售、使用特殊物品的；

（三）未向海关报检或者提供虚假材料，骗取检验检疫证单的；

（四）未在相应的生物安全等级实验室对特殊物品开展操作的或者特殊物品使用单位不具备相应等级的生物安全控制能力的；未建立特殊物品使用、销售记录或者记录与实际不符的；

（五）未经海关同意，擅自使用需后续监管的入境特殊物品的。

第二十九条　出入境特殊物品的货主或者其代理人拒绝、阻碍海关及其工作人员依法执行职务的，依法移送有关部门处理。

第三十条　海关工作人员徇私舞弊、滥用职权、玩忽职守，违反相关法律法规的，依法给予行政处分；情节严重，构成犯罪的，依法追究刑事责任。

第三十一条　对违反本办法，引起检疫传染病传播或者有引起检疫传染病传播严重危险的，依照《中华人民共和国刑法》的有关规定追究刑事责任。

第六章　附　则

第三十二条　本规定下列用语的含义：

微生物是指病毒、细菌、真菌、放线菌、立克次氏体、螺旋体、衣原体、支原体等医学微生物菌（毒）种及样本以及寄生虫、环保微生物菌剂。

人体组织是指人体细胞、细胞系、胚胎、器官、组织、骨髓、分泌物、排泄物等。

人类遗传资源是指含有人体基因组，基因及其产物的器官、组织、细胞、血液、制备物、重组脱氧核糖核酸（DNA）构建体等遗传材料及相关的信息资料。

生物制品是指用于人类医学、生命科学相关领域的疫苗、抗毒素、诊断用试剂、细胞因子、酶及其制剂以及毒素、抗原、变态反应原、抗体、抗原–抗体复合物、核酸、免疫调节剂、微生态制剂等生物活性制剂。

血液是指人类的全血、血浆成分和特殊血液成分。

血液制品是指各种人类血浆蛋白制品。

出入境特殊物品单位是指从事特殊物品生产、使用、销售、科研、医疗、检验、医药研发外包的法人或者其他组织。

第三十三条　进出口环保用微生物菌剂卫生检疫监督管理按照《进出口环保用微生物菌剂环境安全管理办法》（环境保护部、国家质检总局令第10号）的规定执行。

第三十四条　进出境特殊物品应当实施动植物检疫的，按照进出境动植物检疫法律法规的规定执行。

第三十五条　本规定由海关总署负责解释。

第三十六条　本规定自2015年3月1日起施行，国家质检总局2005年10月17日发布的《出入境特殊物品卫生检疫管理规定》（国家质检总局令第83号）同时废止。

中华人民共和国禁止携带、寄递进境的动植物及其产品和其他检疫物名录[1]

（农业农村部　海关总署公告 2021 年第 470 号）

一、动物及动物产品类

（一）活动物（犬、猫除外[2]）。包括所有的哺乳动物、鸟类、鱼类、甲壳类、两栖类、爬行类、昆虫类和其他无脊椎动物，动物遗传物质。

（二）（生或熟）肉类（含脏器类）及其制品。

（三）水生动物产品。干制，熟制，发酵后制成的食用酱汁类水生动物产品除外。

（四）动物源性乳及乳制品。包括生乳、巴氏杀菌乳、灭菌乳、调制乳、发酵乳、奶油、黄油、奶酪、炼乳等乳制品。

（五）蛋及其制品。包括鲜蛋、皮蛋、咸蛋、蛋液、蛋壳、蛋黄酱等蛋源产品。

（六）燕窝。经商业无菌处理的罐头装燕窝除外。

（七）油脂类，皮张，原毛类，蹄（爪）、骨、牙、角类及其制品。经加工处理且无血污、肌肉和脂肪等的蛋壳类、蹄（爪）骨角类、贝壳类、甲壳类等工艺品除外。

（八）动物源性饲料、动物源性中药材、动物源性肥料。

二、植物及植物产品类

（九）新鲜水果、蔬菜。

（十）鲜切花。

（十一）烟叶。

（十二）种子、种苗及其他具有繁殖能力的植物、植物产品及材料。

三、其他检疫物类

（十三）菌种、毒种、寄生虫等动植物病原体，害虫及其他有害生物，兽用生物制品，细胞、器官组织、血液及其制品等生物材料及其他高风险生物因子。

（十四）动物尸体、动物标本、动物源性废弃物。

（十五）土壤及有机栽培介质。

（十六）转基因生物材料。

（十七）国家禁止进境的其他动植物、动植物产品和其他检疫物。

注：1.通过携带或寄递方式进境的动植物及其产品和其他检疫物，经国家有关行政主管部门审批许可，并具有输出国家或地区官方机构出具的检疫证书，不受此名录的限制。

2.具有输出国家或地区官方机构出具的动物检疫证书和疫苗接种证书的犬、猫等宠物，每人仅限携带或分离托运一只。具体检疫要求按相关规定执行。

3.法律、行政法规、部门规章对禁止携带、寄递进境的动植物及其产品和其他检疫物另有规定的，按相关规定办理。

关于进一步规范携带宠物入境检疫监管工作的公告

（海关总署公告2019年第5号）

为进一步适应口岸执法新形势，安全、科学、规范做好携带入境宠物（犬、猫）的检疫监管工作。现将有关事项公告如下：

一、携带入境的活动物仅限犬或者猫（以下称"宠物"），并且每人每次限带1只。携带宠物入境的，携带人应当向海关提供输出国家或者地区官方动物检疫机构出具的有效检疫证书和狂犬病疫苗接种证书。宠物应当具有电子芯片。

二、携带入境的宠物应在海关指定的隔离场隔离检疫30天（截留期限计入在内）。需隔离检疫的宠物应当从建设有隔离检疫设施的口岸入境。海关对隔离检疫的宠物实行监督检查。海关按照指定国家或地区和非指定国家或地区对携带入境的宠物实施分类管理，具有以下情形的宠物免于隔离检疫：

（一）来自指定国家或者地区携带入境的宠物，具有有效电子芯片，经现场检疫合格的；

（二）来自非指定国家或者地区的宠物，具有有效电子芯片，提供采信实验室出具的狂犬病抗体检测报告（抗体滴度或免疫抗体量须在0.5IU/mL以上）并经现场检疫合格的；

（三）携带宠物属于导盲犬、导听犬、搜救犬的，具有有效电子芯片，携带人提供相应使用者证明和专业训练证明并经现场检疫合格的。

指定国家或地区名单、采信狂犬病抗体检测结果的实验室名单、建设有隔离检疫设施的口岸名单以海关总署公布为准。

三、携带宠物入境有下列情况之一的，海关按照有关规定予以限期退回或者销毁处理：

（一）携带宠物超过限额的；

（二）携带人不能向海关提供输出国家或者地区官方动物检疫机构出具的有效检疫证书或狂犬病疫苗接种证书的；

（三）携带需隔离检疫的宠物，从不具有隔离检疫设施条件的口岸入境的；

（四）宠物经隔离检疫不合格的。

对仅不能提供疫苗接种证书的导盲犬、导听犬、搜救犬，经携带人申请，可以在有资质的机构对其接种狂犬病疫苗。

作限期退回处理的宠物，携带人应当在规定的期限内持海关签发的截留凭证，领取并携带宠物出境；逾期不领取的，作自动放弃处理。

四、关于携带宠物入境的具体检疫要求详见附件《中华人民共和国携带入境宠物检疫要求》。

本公告内容自2019年5月1日起施行。

特此公告。

附件[1]：1.中华人民共和国携带宠物入境检疫要求

2.海关总署采信狂犬病抗体检测结果的实验室名单

3.携带入境宠物（犬、猫）信息登记表

4.具备进境宠物隔离检疫条件的口岸名单

海关总署

2019年1月2日

---

1 附件略。

关于进境旅客所携行李物品验放标准有关事宜的公告

（海关总署公告 2010 年第 54 号）

为进一步增强海关执法透明度，方便旅客进出境，明确进境旅客行李物品征免税规定，规范和统一海关验放标准，现就有关事项公告如下：

一、进境居民旅客携带在境外获取的个人自用进境物品，总值在 5000 元人民币以内（含 5000 元）的；非居民旅客携带拟留在中国境内的个人自用进境物品，总值在 2000 元人民币以内（含 2000 元）的，海关予以免税放行，单一品种限自用、合理数量，但烟草制品、酒精制品以及国家规定应当征税的 20 种商品等另按有关规定办理。

二、进境居民旅客携带超出 5000 元人民币的个人自用进境物品，经海关审核确属自用的；进境非居民旅客携带拟留在中国境内的个人自用进境物品，超出人民币 2000 元的，海关仅对超出部分的个人自用进境物品征税，对不可分割的单件物品，全额征税。

三、有关短期内多次来往旅客行李物品征免税规定、验放标准等事项另行规定。

特此公告。

二〇一〇年八月十九日

中华人民共和国海关对非居民长期旅客进出境自用物品监管办法

（2004年6月16日海关总署令第116号发布 根据2010年11月1日海关总署令第194号公布的《海关总署关于修改〈中华人民共和国海关对非居民长期旅客进出境自用物品监管办法〉的决定》第一次修正 根据2010年11月26日海关总署令第198号《海关总署关于修改部分规章的决定》第二次修正 根据2017年12月20日海关总署令第235号公布的《海关总署关于修改部分规章的决定》第三次修正 根据2018年5月29日海关总署令第240号《海关总署关于修改部分规章的决定》第四次修正）

第一章 总 则

第一条 为规范海关对非居民长期旅客进出境自用物品的管理，根据《中华人民共和国海关法》和其他有关法律、行政法规，制定本办法。

第二条 非居民长期旅客进出境自用物品应当符合《非居民长期旅客自用物品目录》（以下简称《物品目录》），以个人自用、合理数量为限。《物品目录》由海关总署另行制定并且发布。其中，常驻人员可以进境机动车辆，每人限1辆，其他非居民长期旅客不得进境机动车辆。

非居民长期旅客进出境自用物品，可以由本人或者其委托的报关企业向主管海关或者口岸海关办理通关手续。常驻人员进境机动车辆，向主管海关办理通关手续。

自用物品通关时，海关可以对相关物品进行查验，防止违禁物品进出境。

自用物品放行后，海关可以通过实地核查等方式对使用情况进行抽查。

第三条 非居民长期旅客取得境内长期居留证件后方可申报进境自用物品，首次申报进境的自用物品海关予以免税，但按照本规定准予进境的机动车辆和国家规定应当征税的20种商品除外。再次申报进境的自用物品，一律予以征税。

对于应当征税的非居民长期旅客进境自用物品，海关按照《中华人民共和国进出口关税条例》的有关规定征收税款。

根据政府间协定免税进境的非居民长期旅客自用物品，海关依法免征税款。

第二章 进境自用物品监管

第四条 非居民长期旅客申报进境自用物品时，应当填写《中华人民共和国海关进出境自用物品申报单》（以下简称《申报单》），并提交身份证件、长期居留证件、提（运）单和装箱单等相关单证。港澳台人员还需提供其居住地公安机关出具的居留证明。

常驻人员申报进境机动车辆时，应当填写《进口货物报关单》，并提交前款规定的单证。

第五条 进境机动车辆因事故、不可抗力等原因遭受严重损毁或因损耗、超过使用年限等原因丧失使用价值，经报废处理后，常驻人员凭公安交通管理部门出具的机动车辆注销证明，经主管海关同意办理机动车辆结案手续后，可重新申报进境机动车辆1辆。

进境机动车辆有丢失、被盗、转让或出售给他人、超出监管期限等情形的，常驻人员不得重新申报进境机动车辆。

第六条 常驻人员进境机动车辆，应当自海关放行之日起10个工作日内，向主管海关申领《中华人民共和国海关监管车辆进/出境领/销牌照通知书》（以下简称《领/销牌照通知书》），办理机动车辆牌照申领手续。其中，免税进境的机动车辆，常驻人员还应当自取得《领/销牌照通知书》之日起10个工作日内，凭公安交通管理部门颁发的《机动车辆行驶证》向主管海关申领《中华人民共和国海关监管车辆登记证》（以下简称《监管车辆登记证》）。

第三章 出境自用物品监管

第七条 非居民长期旅客申报出境原进境自用物品时，应当填写《申报单》，并提交身份证件、长期居留证件、提（运）单和装箱单等相关单证。

常驻人员申报出境原进境机动车辆的，海关开具《领/销牌照通知书》，常驻人员凭此向公安交通管理部门办理注销牌照手续。

第四章 进境免税机动车辆后续监管

第八条 常驻人员依据本办法第三条第三款规定免税进境的机动车辆属于海关监管机动车辆，主管海关对其实施后续监管，监管期限为自海关放行之日起6年。

未经海关批准，进境机动车辆在海关监管期限内不得擅自转让、出售、出租、抵押、质押或者进行其他处置。

第九条 海关对常驻人员进境监管机动车辆实行年审制度。常驻人员应当根据主管海关的公告，在规定时间内，将进境监管机动车辆驶至指定地点，凭本人身份证件、长期居留证件、《监管车辆登记证》《机动车辆行驶证》向主管海关办理机动车辆海关年审手续。年审合格后，主管海关在《监管车辆登记证》上加盖年审印章。

第十条 常驻人员任期届满后，经主管海关批准，可以按规定将监管机动车辆转让给其他常驻人员或者常驻机构，或者出售给特许经营单位。受让方的机动车辆进境指标相应扣减。

机动车辆受让方同样享有免税进境机动车辆权利的，受让机动车辆予以免税，受让方主管海关在该机动车辆的剩余监管年限内实施后续监管。

第十一条　常驻人员转让进境监管机动车辆时，应当由受让方向主管海关提交经出、受让双方签章确认的《中华人民共和国海关公/自用车辆转让申请表》（以下简称《转让申请表》）及其他相关单证。受让方主管海关审核批注后，将《转让申请表》转至出让方主管海关。出让方凭其主管海关开具的《领/销牌照通知书》向公安交通管理部门办理机动车辆牌照注销手续；出让方主管海关办理机动车辆结案手续后，将机动车辆进境原始档案及《转让申请表》回执联转至受让方主管海关。受让方凭其主管海关出具的《领/销牌照通知书》向公安交通管理部门办理机动车辆牌照申领手续。应当补税的机动车辆由受让方向其主管海关依法补缴税款。

常驻人员进境监管机动车辆出售时，应当由特许经营单位向常驻人员的主管海关提交经常驻人员签字确认的《转让申请表》，主管海关审核无误后，由特许经营单位参照前款规定办理机动车辆注销牌照等结案手续，并依法向主管海关补缴税款。

第十二条　机动车辆海关监管期限届满的，常驻人员应当凭《中华人民共和国海关公/自用车辆解除监管申请表》《机动车辆行驶证》向主管海关申请解除监管。主管海关核准后，开具《中华人民共和国海关监管车辆解除监管证明书》，常驻人员凭此向公安交通管理部门办理有关手续。

第十三条　海关监管期限内的机动车辆因法院判决抵偿他人债务或者丢失、被盗的，机动车辆原所有人应当凭有关证明向海关申请办理机动车辆解除监管手续，并依法补缴税款。

第十四条 任期届满的常驻人员,应当在离境前向主管海关办理海关监管机动车辆的结案手续。

第五章 法律责任

第十五条 违反本办法,构成走私行为、违反海关监管规定行为或者其他违反海关法行为的,海关依照《中华人民共和国海关法》、《中华人民共和国海关行政处罚实施条例》予以处罚;构成犯罪的,依法追究刑事责任。

第六章 附 则

第十六条 本办法下列用语的含义:

"非居民长期旅客"是指经公安部门批准进境并在境内连续居留一年以上(含一年),期满后仍回到境外定居地的外国公民、港澳台地区人员、华侨。

"常驻人员"是指非居民长期旅客中的下列人员:

(一)境外企业、新闻机构、经贸机构、文化团体及其他境外法人经中华人民共和国政府主管部门批准,在境内设立的并在海关备案的常设机构内的工作人员;

(二)在海关注册登记的外商投资企业内的人员;

(三)入境长期工作的专家。

"身份证件"是指中华人民共和国主管部门颁发的《外国(地区)企业常驻代表机构工作证》、《中华人民共和国外国人工作许可证》等证件,以及进出境使用的护照、《港澳居民来往内地通行证》、《台湾居民往来大陆通行证》等。

"长期居留证件"是指有效期一年及以上的《中华人民共和国外国人居留许可》、《港澳居民来往内地通行证》、《台湾居民来往大陆通行证》等准予在境内长期居留的证件。

"主管海关"是指非居民长期旅客境内居留所在地的直属海关或者经直属海关授权的隶属海关。

"自用物品"是指非居民长期旅客在境内居留期间日常生活所需的《物品目录》范围内物品及机动车辆。

"机动车辆"是指摩托车、小轿车、越野车、9座及以下的小客车。

"20种商品"是指电视机、摄像机、录像机、放像机、音响设备、空调器、电冰箱（柜）、洗衣机、照相机、复印机、程控电话交换机、微型计算机、电话机、无线寻呼系统、传真机、电子计算器、打印机及文字处理机、家具、灯具和餐料。

第十七条　外国驻中国使馆、领馆人员，联合国及其专门机构以及其他与中国政府签有协议的国际组织驻中国代表机构人员进出境物品，不适用本办法，另按有关法律、行政法规办理。

第十八条　本办法所规定的文书由海关总署另行制定并且发布。

第十九条　本办法由海关总署负责解释。

第二十条　本办法自2004年8月1日起施行。

中华人民共和国海关对常驻机构进出境公用物品监管办法

（2004年6月16日海关总署令第115号发布　根据2010年11月1日海关总署令第193号《海关总署关于修改〈中华人民共和国海关对常驻机构进出境公用物品监管办法〉的决定》修改　根据2010年11月26日海关总署令第198号《海关总署关于修改部分规章的决定》第一次修正　根据2017年12月20日海关总署令第235号《海关总署关于修改部分规章的决定》第二次修正　根据2018年5月29日海关总署令第240号《海关总署关于修改部分规章的决定》第三次修正）

第一章　总　则

第一条　为规范海关对常驻机构进出境公用物品的管理，根据《中华人民共和国海关法》和其他有关法律、行政法规，制定本办法。

第二条　常驻机构进出境公用物品应当以本机构自用、合理数量为限。

常驻机构进出境公用物品，可以由本机构或者其委托的报关企业向主管海关或者口岸海关办理通关手续。常驻机构进出境公用车辆，向主管海关办理通关手续。

公用物品通关时，海关可以对相关物品进行查验，防止违禁物品进出境。

公用物品放行后，海关可以通过实地核查等方式对使用情况进行抽查。

第三条　对于常驻机构进境公用物品，海关按照《中华人民共和国进出口关税条例》的有关规定征收税款。

根据政府间协定免税进境的常驻机构公用物品，海关依法免征税款。

第二章 进境公用物品监管

第四条 常驻机构首次申报进境公用物品前，应当凭下列文件向主管海关办理备案手续：

（一）设立常驻机构审批机关的批准文件复印件；

（二）主管部门颁发的注册证明复印件（以下简称《注册证》）；

（三）常驻机构报关印章式样；

（四）常驻机构负责人签字式样、身份证件复印件；

（五）常驻机构中常驻人员名册，名册含常驻人员姓名、性别、国籍、有效进出境证件号码、长期居留证件号码、到任时间、任期、职务及在中国境内的住址等内容。

主管海关审核无误后，核发《中华人民共和国海关常驻机构备案证》（以下简称《海关备案证》）。《海关备案证》涉及的内容如有变更，应当自变更之日起10个工作日内到主管海关办理变更手续。

第五条 常驻机构申报进境公用物品时，应当填写《进口货物报关单》，并提交提（运）单、发票和装箱单等相关单证。

常驻机构申报进境机动车辆时，除提交前款规定的单证外，还应当提交本机构所有常驻人员的有效身份证件。

第六条 常驻机构进境机动车辆，海关按照该机构常驻人员的实际人数核定其进境车辆的总数：

（一）常驻人员在5人以下的，进境车辆总数1辆；

（二）常驻人员在6人以上10人以下的，进境车辆总数不超过2辆；

（三）常驻人员在11人以上20人以下的，进境车辆总数不超过3辆；

（四）常驻人员在21人以上30人以下的，进境车辆总数不超过

4辆；

（五）常驻人员在31人以上的，进境车辆总数不超过6辆。

第七条 进境机动车辆因事故、不可抗力等原因遭受严重损毁或因损耗、超过使用年限等原因丧失使用价值，经报废处理后，常驻机构凭公安交通管理部门出具的机动车辆注销证明，经主管海关同意办理机动车辆结案手续后，可按结案数量重新申报进境机动车辆。

进境机动车辆有丢失、被盗、转让或出售给他人、超出监管期限等情形的，常驻机构不得重新申报进境机动车辆。

第八条 常驻机构进境机动车辆，应当自海关放行之日起10个工作日内，向主管海关申领《中华人民共和国海关监管车辆进/出境领/销牌照通知书》（以下简称《领/销牌照通知书》），办理机动车辆牌照申领手续。其中，免税进境的机动车辆，常驻机构还应当自取得《领/销牌照通知书》之日起10个工作日内，凭公安交通管理部门颁发的《机动车辆行驶证》向主管海关申领《中华人民共和国海关监管车辆登记证》（以下简称《监管车辆登记证》）。

第九条 常驻机构进境的货样、广告品及暂时进口货物，按照海关相关规定办理验放手续。

第三章　出境公用物品监管

第十条 常驻机构申报出境原进境公用物品时，应当填写《出口货物报关单》。

常驻机构申报出境原进境机动车辆的，海关开具《领/销牌照通知书》，常驻机构凭此向公安交通管理部门办理注销牌照手续。

第四章　进境免税机动车辆后续监管

第十一条 常驻机构依据本办法第三条第二款规定免税进境的机动车辆属于海关监管机动车辆，主管海关对其实施后续监管，监管期限为自海关放行之日起6年。

未经海关批准，进境机动车辆在海关监管期限内不得擅自转让、出售、出租、抵押、质押或者进行其他处置。

第十二条 海关对常驻机构进境监管机动车辆实行年审制度。常驻机构应当根据主管海关的公告，在规定时间内，将进境监管机动车辆驶至指定地点，凭《监管车辆登记证》《机动车辆行驶证》向主管海关办理机动车辆海关年审手续。年审合格后，主管海关在《监管车辆登记证》上加盖年审印章。

第十三条 常驻机构监管机动车辆自海关放行之日起超过4年的，经主管海关批准，可以按规定将监管机动车辆转让给其他常驻机构或者常驻人员，或者出售给特许经营单位。受让方机动车辆进境指标相应扣减。

机动车辆受让方同样享有免税进境机动车辆权利的，受让机动车辆予以免税，受让方主管海关在该机动车辆的剩余监管年限内实施后续监管。

第十四条 常驻机构转让进境监管机动车辆时，应当由受让方向主管海关提交经出、受让双方签章确认的《中华人民共和国海关公／自用车辆转让申请表》（以下简称《转让申请表》）及其他相关单证。受让方主管海关审核批注后，将《转让申请表》转至出让方主管海关。出让方凭其主管海关开具的《领／销牌照通知书》向公安交通管理部门办理机动车辆牌照注销手续；出让方主管海关办理机动车辆结案手续后，将机动车辆进境原始档案及《转让申请表》回执联转至受让方主管海关。受让方凭其主管海关出具的《领／销牌照通知书》向公安交通管理部门办理机动车辆牌照申领手续。应当补税的机动车辆由受让方向其主管海关依法补缴税款。

常驻机构将进境监管机动车辆出售给特许经营单位的，特许经营单位应当向常驻机构的主管海关提交经常驻机构盖章确认的《转让申请表》，参照前款规定办理结案手续，并依法向主管海关补缴税款。

第十五条　机动车辆海关监管期限届满的，常驻机构应当凭《中华人民共和国海关公/自用车辆解除监管申请表》《监管车辆登记证》《机动车辆行驶证》向主管海关申请解除监管。主管海关核准后，开具《中华人民共和国海关监管车辆解除监管证明书》，常驻机构凭此向公安交通管理部门办理有关手续。

第十六条　海关监管期限内的机动车辆因法院判决抵偿他人债务或者丢失、被盗的，机动车辆原所有人应当凭有关证明向海关申请办理机动车辆解除监管手续，并依法补缴税款。

第十七条　经批准撤销的常驻机构，应当向主管海关办理海关监管机动车辆结案和其他有关手续。

第五章　法律责任

第十八条　违反本办法，构成走私行为、违反海关监管规定行为或者其他违反海关法行为的，海关依照《中华人民共和国海关法》《中华人民共和国海关行政处罚实施条例》予以处罚；构成犯罪的，依法追究刑事责任。

第六章　附　则

第十九条　本办法下列用语的含义：

"常驻机构"是指境外企业、新闻机构、经贸机构、文化团体及其他境外法人经中华人民共和国政府主管部门批准，在境内设立的常设机构。

"主管海关"是指常驻机构所在地的直属海关或者经直属海关授权的隶属海关。

"公用物品"是指常驻机构开展业务所必需的办公设备、办公用品及机动车辆。

"机动车辆"是指小轿车、越野车、9座及以下的小客车。

本办法第六条中的"以下"、"以上",均包含本数在内。

第二十条 外国驻中国使馆、领馆,联合国及其专门机构,以及其他与中国政府签有协议的国际组织驻中国代表机构进出境物品,不适用本办法,另按有关法律、行政法规办理。

第二十一条 本办法所规定的文书由海关总署另行制定并且发布。

第二十二条 本办法由海关总署负责解释。

第二十三条 本办法自2004年8月1日起施行。

关于常驻机构和常驻人员进境机动车辆有关事宜的公告

（海关总署公告 2010 年第 32 号）

根据国家《汽车产业发展政策》的有关管理原则，为维护国内汽车市场正常秩序，照顾常驻机构和常驻人员合理需用，现就常驻机构和常驻人员进境机动车辆有关事宜公告如下：

一、自 2010 年 7 月 1 日起，除按照有关政府间协定可以免税进境机动车辆的常驻机构和常驻人员、国家专门引进的高层次人才和专家以外，其他常驻机构和常驻人员不得进境旧机动车辆，对其旧机动车辆进境申请，海关不予受理。

2010 年 7 月 1 日以前已按照有关规定向海关申请进境机动车辆的，可不受上款规定限制。

二、对常驻机构和常驻人员申请进境的新机动车辆，海关按照现行有关规定办理审批、征税、验放等手续。

三、本公告中所述"常驻机构"和"常驻人员"分别指海关总署令第 115 号和 116 号中的"常驻机构"和"常驻人员"。其中，"常驻机构"是指境外企业、新闻机构、经贸机构、文化团体及其他境外法人经中华人民共和国政府主管部门批准，在境内设立的常设机构；"常驻人员"是指经公安部门批准进境并在境内连续居留一年以上（含一年），期满后仍回到境外定居地的外国公民、港澳台地区人员、华侨，并且其属于上述常驻机构内的工作人员，或在海关注册登记的外商投资企业内的人员，或入境长期工作的专家。

四、本公告中所述"旧机动车辆"是指已使用过的机动车辆，

"新机动车辆"是指没有使用过的机动车辆。

　　特此公告。

二〇一〇年五月二十五日

中华人民共和国海关对外国驻中国使馆和使馆人员进出境物品监管办法

（2008年6月5日海关总署令第174号公布 根据2018年5月29日海关总署令第240号《海关总署关于修改部分规章的决定》修正）

第一章 总 则

第一条 为了规范海关对外国驻中国使馆（以下简称使馆）和使馆人员进出境公务用品和自用物品（以下简称公用、自用物品）的监管，根据《中华人民共和国海关法》（以下简称《海关法》）、《中华人民共和国外交特权与豁免条例》和《中华人民共和国海关总署关于外国驻中国使馆和使馆人员进出境物品的规定》制定本办法。

第二条 使馆和使馆人员进出境公用、自用物品适用本办法。

第三条 使馆和使馆人员进出境公用、自用物品应当以海关核准的直接需用数量为限。

第四条 使馆和使馆人员因特殊需要携运中国政府禁止或者限制进出境物品进出境的，应当事先得到中国政府有关主管部门的批准，并按照有关规定办理。

第五条 使馆和使馆人员首次进出境公用、自用物品前，应当凭下列资料向主管海关办理备案手续：

（一）中国政府主管部门出具的证明使馆设立的文件复印件；

（二）用于报关文件的使馆馆印印模、馆长或者馆长授权的外交代表的签字样式；

（三）外交邮袋的加封封志实物和外交信使证明书样式。

使馆如从主管海关关区以外发送或者接收外交邮袋，还应当向主管海关提出申请，并提供外交邮袋的加封封志实物和外交信使证明书样式，由主管海关制作关封，交由使馆人员向进出境地海关备案。

（四）使馆人员和与其共同生活的配偶及未成年子女的进出境有效证件、中国政府主管部门核发的身份证件复印件，以及使馆出具的证明上述人员职衔、到任时间、住址等情况的文件复印件。

以上备案内容如有变更，使馆或者使馆人员应当自变更之日起10个工作日内向海关办理备案变更手续。

第六条　使馆和使馆人员进出境公用、自用物品，应当按照海关规定以书面或者口头方式申报。其中以书面方式申报的，还应当向海关报送电子数据。

第七条　外交代表携运进出境自用物品，海关予以免验放行。海关有重大理由推定其中装有本办法规定免税范围以外的物品、中国政府禁止进出境或者检疫法规规定管制的物品的，有权查验。海关查验时，外交代表或者其授权人员应当在场。

第八条　有下列情形之一的，使馆和使馆人员的有关物品不准进出境：

（一）携运进境的物品超出海关核准的直接需用数量范围的；

（二）未依照本办法第五条、第六条的规定向海关办理有关备案、申报手续的；

（三）未经海关批准，擅自将已免税进境的物品进行转让、出售等处置后，再次申请进境同类物品的；

（四）携运中国政府禁止或者限制进出境物品进出境，应当提交有关许可证件而不能提供的；

（五）违反海关关于使馆和使馆人员进出境物品管理规定的其他

情形。

使馆和使馆人员应当在海关禁止进出境之日起3个月内向海关办理相关物品的退运手续。逾期未退运的，由海关依照《海关法》第三十条规定处理。

第九条 使馆和使馆人员免税运进的公用、自用物品，未经主管海关批准，不得进行转让、出售等处置。经批准进行转让、出售等处置的物品，应当按照规定向海关办理纳税或者免税手续。

使馆和使馆人员转让、出售按照本办法第十条、第十一条规定免税进境的机动车辆以及接受转让的机动车辆的，按照本办法第五章有关规定办理。

第二章 进境物品监管

第十条 使馆运进（含在境内外交人员免税店购买以及依法接受转让）烟草制品、酒精饮料和机动车辆等公用物品，海关在规定数量范围内予以免税。

第十一条 外交代表运进（含在境内外交人员免税店购买以及依法接受转让）烟草制品、酒精饮料和机动车辆等自用物品，海关在规定数量范围内予以免税。

第十二条 使馆行政技术人员和服务人员，如果不是中国公民并且不在中国永久居留的，其到任后6个月内运进的安家物品，经主管海关审核在直接需用数量范围内的（其中自用小汽车每户限1辆），海关予以免税验放。超出规定时限运进的物品，经海关核准仍属自用的，按照《中华人民共和国海关对非居民长期旅客进出境自用物品监管办法》的规定办理。

第十三条 使馆和使馆人员运进公用、自用物品，应当填写《中华人民共和国海关外交公／自用物品进出境申报单》（以下简称《申报单》），向主管海关提出申请，并附提（运）单、发票、装箱单等有关单证材料。其中，运进机动车辆的，还应当递交使馆照会。

使馆运进由使馆主办或者参与的非商业性活动所需物品，应当递交使馆照会，并就物品的所有权、活动地点、日期、活动范围、活动的组织者和参加人、物品的最后处理向海关作出书面说明。活动在使馆以外场所举办的，还应当提供与主办地签订的合同。

海关应当自接受申报之日起10个工作日内作出是否准予进境的决定。

第十四条 经海关批准进境的物品，使馆和使馆人员可以委托报关企业到主管海关办理海关手续。

进境地不在主管海关关区的，使馆和使馆人员应当委托报关企业办理海关手续。受委托的报关企业应当按照海关对转关运输货物的规定，将有关物品转至主管海关办理海关手续。

第十五条 外交代表随身携带（含附载于同一运输工具上的）自用物品进境时，应当向海关口头申报，但外交代表每次随身携带进境的香烟超过400支、雪茄超过100支、烟丝超过500克、酒精含量12度及以上的酒精饮料超过2瓶（每瓶限750毫升）的，应当按照本办法第十三条的规定向海关提出书面申请，有关物品数量计入本办法第十一条规定的限额内。

第十六条 使馆和使馆人员进境机动车辆，应当自海关放行之日起10个工作日内，向海关申领《中华人民共和国海关监管车辆进/出境领/销牌照通知书》（以下简称《领/销牌照通知书》），办理机动车辆牌照申领手续。

第三章 出境物品监管

第十七条 使馆和使馆人员运出公用、自用物品，应当填写《申报单》，并附提（运）单、发票、装箱单、身份证件复印件等有关单证材料，向主管海关提出申请。其中，运出机动车辆的，还应当递交使馆照会。

主管海关应当自接受申请之日起10个工作日内作出是否准予出境的决定。

第十八条 经海关批准出境的物品，使馆和使馆人员应当委托报关企业在出境地海关办理海关手续，如出境地不在主管海关关区，受委托企业应当按照海关对转关运输货物的规定，将有关物品转至出境地海关办理海关手续。

第十九条 外交代表随身携带（含附载于同一运输工具的）自用物品出境时，应当向海关口头申报。

第二十条 使馆和使馆人员申请将原进境机动车辆复运出境的，应当经主管海关审核批准。使馆和使馆人员凭海关开具的《领/销牌照通知书》向公安交通管理部门办理注销牌照手续。主管海关凭使馆和使馆人员交来的《领/销牌照通知书》回执联，办理结案手续。

拥有免税进境机动车辆的使馆人员因离任回国办理自用物品出境手续的，应当首先向主管海关办结自用车辆结案手续。

第四章 外交邮袋监管

第二十一条 使馆发送或者接收的外交邮袋，应当以装载外交文件或者公务用品为限，并符合中国政府关于外交邮袋重量、体积等的相关规定，同时施加使馆已在海关备案的封志。

第二十二条 外交信使携带（含附载于同一运输工具的）外交邮袋进出境时，必须凭派遣国主管机关出具的载明其身份和所携外交邮袋件数的信使证明书向海关办理有关手续。海关验核信使证明书无误后予以免验放行。

第二十三条 外交邮袋由商业飞机机长转递时，机长必须持有委托国的官方证明文件，注明所携带的外交邮袋的件数。使馆应当派使馆人员向机长交接外交邮袋。海关验核外交邮袋和使馆人员身份证件无误后予以免验放行。

第二十四条 使馆以本办法第二十二条、第二十三条规定以外的其他方式进出境外交邮袋的，应当将外交邮袋存入海关监管仓库，并由使馆人员提取或者发运。海关验核使馆人员身份证件无误后予以免验放行。

第五章 机动车辆后续监管

第二十五条 使馆和使馆人员按照本办法第十条、第十一条规定免税进境的机动车辆以及接受转让的机动车辆属于海关监管车辆，主管海关对其实施后续监管。公用机动车辆的监管年限为自海关放行之日起6年，自用进境机动车辆的监管年限为自海关放行之日起3年。

未经海关批准，上述机动车辆在海关监管年限内不得进行转让、出售。

第二十六条 除使馆人员提前离任外，使馆和使馆人员免税进境的机动车辆，自海关放行之日起2年内不准转让或者出售。

根据前款规定可以转让或者出售的免税进境机动车辆，在转让或者出售时，应当向主管海关提出申请，经批准后方可以按规定转让给其他国家驻中国使馆和使馆人员、常驻机构和常驻人员或者海关批准的特许经营单位。其中需要征税的，应当由受让方向海关办理补税手续。受让方为其他国家驻中国使馆和使馆人员的，其机动车辆进境指标相应扣减。

机动车辆受让方同样享有免税运进机动车辆权利的，受让机动车辆予以免税。受让方主管海关在该机动车辆的剩余监管年限内实施后续监管。

第二十七条 使馆和使馆人员免税进境的机动车辆海关监管期限届满后，可以向海关申请解除监管。

申请解除监管时,应当出具照会,并凭《中华人民共和国海关公/自用车辆解除监管申请表》《机动车辆行驶证》向主管海关申请办理解除监管手续。

主管海关核准后,使馆和使馆人员凭海关开具的《中华人民共和国海关监管车辆解除监管证明书》(以下简称《解除监管证明书》)向公安交通管理部门办理有关手续。

第二十八条 免税进境的机动车辆在监管期限内因事故、不可抗力遭受严重损毁;或者因损耗、超过使用年限等原因丧失使用价值的,使馆和使馆人员可以向主管海关申请报废车辆。海关审核同意后,开具《领/销牌照通知书》和《解除监管证明书》,使馆和使馆人员凭此向公安交通管理部门办理机动车辆注销手续,并持《领/销牌照通知书》回执到主管海关办理机动车辆结案手续。

第二十九条 免税进境的机动车辆有下列情形的,使馆和使馆人员可以按照相同数量重新申请进境机动车辆:

(一)按照本办法第二十六条规定被依法转让、出售,并且已办理相关手续的;

(二)因事故、不可抗力原因遭受严重损毁;或者因损耗、超过使用年限等原因丧失使用价值,已办理结案手续的。

第六章 附 则

第三十条 本办法下列用语的含义:

公务用品,是指使馆执行职务直接需用的进出境物品,包括:

(一)使馆使用的办公用品、办公设备、车辆;

(二)使馆主办或者参与的非商业性活动所需物品;

(三)使馆使用的维修工具、设备;

(四)使馆的固定资产,包括建筑装修材料、家具、家用电器、装饰品等;

（五）使馆用于免费散发的印刷品（广告宣传品除外）；

（六）使馆使用的招待用品、礼品等。

自用物品，是指使馆人员和与其共同生活的配偶及未成年子女在中国居留期间生活必需用品，包括自用机动车辆（限摩托车、小轿车、越野车、9座以下的小客车）。

直接需用数量，是指经海关审核，使馆为执行职务需要使用的数量，以及使馆人员和与其共同生活的配偶及未成年子女在中国居留期间仅供使馆人员和与其共同生活的配偶及未成年子女自身使用的数量。

主管海关，是指使馆所在地的直属海关。

第三十一条　外国驻中国领事馆、联合国及其专门机构和其他国际组织驻中国代表机构及其人员进出境公用、自用物品，由海关按照《中华人民共和国领事特权与豁免条例》、中国已加入的国际公约以及中国与有关国家或者国际组织签订的协议办理。有关法规、公约、协议不明确的，海关参照本办法有关条款办理。

第三十二条　外国政府给予中国驻该国的使馆和使馆人员进出境物品的优惠和便利，低于中国政府给予该国驻中国的使馆和使馆人员进出境物品的优惠和便利的，中国海关可以根据对等原则，给予该国驻中国使馆和使馆人员进出境物品相应的待遇。

第三十三条　本办法所规定的文书由海关总署另行制定并且发布。

第三十四条　本办法由海关总署负责解释。

第三十五条　本办法自2008年10月1日起施行。1986年12月1日海关总署发布的《外国驻中国使馆和使馆人员进出境物品报关办法》同时废止。

中华人民共和国海关进出境印刷品及音像制品监管办法

（2007年4月18日海关总署令第161号公布　根据2018年5月29日海关总署令第240号《海关总署关于修改部分规章的决定》第一次修正　根据2018年11月23日海关总署令第243号《海关总署关于修改部分规章的决定》第二次修正）

第一条　为了规范海关对进出境印刷品及音像制品的监管，根据《中华人民共和国海关法》（以下简称《海关法》）及其他有关法律、行政法规的规定，制定本办法。

第二条　本办法适用于海关对运输、携带、邮寄进出境的印刷品及音像制品的监管。

进出境摄影底片、纸型、绘画、剪贴、手稿、手抄本、复印件及其他含有文字、图像、符号等内容的货物、物品的，海关按照本办法有关进出境印刷品的监管规定进行监管。

进出境载有图文声像信息的磁、光、电存储介质的，海关按照本办法有关进出境音像制品的监管规定进行监管。

第三条　进出境印刷品及音像制品的收发货人、所有人及其代理人，应当依法如实向海关申报，并且接受海关监管。

第四条　载有下列内容之一的印刷品及音像制品，禁止进境：

（一）反对宪法确定的基本原则的；

（二）危害国家统一、主权和领土完整的；

（三）危害国家安全或者损害国家荣誉和利益的；

（四）攻击中国共产党，诋毁中华人民共和国政府的；

（五）煽动民族仇恨、民族歧视，破坏民族团结，或者侵害民族风俗、习惯的；

（六）宣扬邪教、迷信的；

（七）扰乱社会秩序，破坏社会稳定的；

（八）宣扬淫秽、赌博、暴力或者教唆犯罪的；

（九）侮辱或者诽谤他人，侵害他人合法权益的；

（十）危害社会公德或者民族优秀文化传统的；

（十一）国家主管部门认定禁止进境的；

（十二）法律、行政法规和国家规定禁止的其他内容。

第五条 载有下列内容之一的印刷品及音像制品，禁止出境：

（一）本办法第四条所列内容；

（二）涉及国家秘密的；

（三）国家主管部门认定禁止出境的。

第六条 印刷品及音像制品进出境，海关难以确定是否载有本办法第四条、第五条规定内容的，依据国务院有关行政主管部门或者其指定的专门机构的审查、鉴定结论予以处理。

第七条 个人自用进境印刷品及音像制品在下列规定数量以内的，海关予以免税验放：

（一）单行本发行的图书、报纸、期刊类出版物，每人每次10册（份）以下；

（二）单碟（盘）发行的音像制品，每人每次20盘以下；

（三）成套发行的图书类出版物，每人每次3套以下；

（四）成套发行的音像制品，每人每次3套以下。

第八条 超出本办法第七条规定的数量，但是仍在合理数量以内的个人自用进境印刷品及音像制品，不属于本办法第九条规定情形的，海关应当按照《中华人民共和国进出口关税条例》有关进境物品进口税的征收规定对超出规定数量的部分予以征税放行。

第九条 有下列情形之一的，海关对全部进境印刷品及音像制品按照进口货物依法办理相关手续：

（一）个人携带、邮寄单行本发行的图书、报纸、期刊类出版物进境，每人每次超过50册（份）的；

（二）个人携带、邮寄单碟（盘）发行的音像制品进境，每人每次超过100盘的；

（三）个人携带、邮寄成套发行的图书类出版物进境，每人每次超过10套的；

（四）个人携带、邮寄成套发行的音像制品进境，每人每次超过10套的；

（五）其他构成货物特征的。

有前款所列情形的，进境印刷品及音像制品的收发货人、所有人及其代理人可以依法申请退运其进境印刷品及音像制品。

第十条 个人携带、邮寄进境的宗教类印刷品及音像制品在自用、合理数量范围内的，准予进境。

超出个人自用、合理数量进境或者以其他方式进口的宗教类印刷品及音像制品，海关凭国家宗教事务局、其委托的省级政府宗教事务管理部门或者国务院其他行政主管部门出具的证明予以征税验放。无相关证明的，海关按照《中华人民共和国海关行政处罚实施条例》（以下简称《实施条例》）的有关规定予以处理。

散发性宗教类印刷品及音像制品，禁止进境。

第十一条 印刷品及音像制品的进口业务，由国务院有关行政主管部门批准或者指定经营。未经批准或者指定，任何单位或者个人不得经营印刷品及音像制品进口业务。

其他单位或者个人进口印刷品及音像制品，应当委托国务院相关行政主管部门指定的进口经营单位向海关办理进口手续。

第十二条 除国家另有规定外，进口报纸、期刊、图书类印刷品，经营单位应当凭国家新闻出版主管部门的进口批准文件、目录清单、有关报关单证以及其他需要提供的文件向海关办理进口手续。

第十三条 进口音像制品成品或者用于出版的音像制品母带（盘）、样带（盘），经营单位应当持《中华人民共和国文化部进口音像制品批准单》（以下简称《批准单》）、有关报关单证及其他需要提供的文件向海关办理进口手续。

第十四条 非经营音像制品性质的单位进口用于本单位宣传、培训及广告等目的的音像制品，应当按照海关的要求交验《批准单》、合同、有关报关单证及其他需要提供的文件；数量总计在200盘以下的，可以免领《批准单》。

第十五条 随机器设备同时进口，以及进口后随机器设备复出口的记录操作系统、设备说明、专用软件等内容的印刷品及音像制品进口时，进口单位应当按照海关的要求交验合同、发票、有关报关单证及其他需要提供的文件，但是可以免领《批准单》等批准文件。

第十六条 境外赠送进口的印刷品及音像制品，受赠单位应当向海关提交赠送方出具的赠送函和受赠单位的接受证明及有关清单。

接受境外赠送的印刷品超过100册或者音像制品超过200盘的，受赠单位除向海关提交上述单证外，还应当取得有关行政主管部门的批准文件。海关对有关行政主管部门的批准文件电子数据进行系统自动比对验核。

第十七条 出口印刷品及音像制品，相关单位应当依照有关法律、法规的规定，向海关办理出口手续。

第十八条 用于展览、展示的印刷品及音像制品进出境，主办或者参展单位应当按照国家有关规定向海关办理暂时进出境手续。

第十九条 运输、携带、邮寄国家禁止进出境的印刷品及音像制品进出境，如实向海关申报的，予以收缴，或者责令退回，或者在海关监管下予以销毁或者进行技术处理。

运输、携带、邮寄国家限制进出境的印刷品及音像制品进出境，如实向海关申报，但是不能提交许可证件的，予以退运。

第二十条　下列进出境印刷品及音像制品，由海关按照放弃货物、物品依法予以处理：

（一）收货人、货物所有人、进出境印刷品及音像制品所有人声明放弃的；

（二）在海关规定期限内未办理海关手续或者无人认领的；

（三）无法投递又无法退回的。

第二十一条　违反本办法，构成走私行为、违反海关监管规定行为或者其他违反《海关法》行为的，由海关依照《海关法》和《实施条例》的有关规定予以处理；构成犯罪的，依法追究刑事责任。

第二十二条　进入保税区、出口加工区及其他海关特殊监管区域和保税监管场所的印刷品及音像制品的通关手续，依照有关规定办理。

第二十三条　享有外交特权和豁免的外国驻中国使馆、领馆及人员，联合国及其专门机构以及其他与中国政府签有协议的国际组织驻中国代表机构及人员进出境印刷品及音像制品，依照有关规定办理。

第二十四条　各类境外企业或者组织在境内常设代表机构或者办事处（不包括外国人员子女学校）及各类非居民长期旅客、留学回国人员、短期多次往返旅客进出境公用或者自用印刷品及音像制品数量的核定和通关手续，依照有关规定办理。

第二十五条　本办法下列用语的含义：

印刷品，是指通过将图像或者文字原稿制为印版，在纸张或者其他常用材料上翻印的内容相同的复制品。

音像制品，是指载有内容的唱片、录音带、录像带、激光视盘、激光唱盘等。

散发性宗教类印刷品及音像制品，是指运输、携带、邮寄进境，不属于自用、合理数量范围并且具有明显传播特征，违反国家宗教事务法规及有关政策的印刷品及音像制品。

以下，包括本数在内。

第二十六条　本办法由海关总署负责解释。

第二十七条　本办法自2007年6月1日起施行。1991年6月11日海关总署令第21号发布的《中华人民共和国海关对个人携带和邮寄印刷品及音像制品进出境管理规定》同时废止。

中华人民共和国海关对免税商店及免税品监管办法

（2005年11月28日海关总署令第132号公布　根据2018年5月29日海关总署令第240号《海关总署关于修改部分规章的决定》第一次修正　根据2023年3月9日海关总署令第262号《海关总署关于修改部分规章的决定》第二次修正）

第一章　总　则

第一条　为规范海关对免税商店及免税品的监管，根据《中华人民共和国海关法》及其他有关法律和行政法规的规定，制定本办法。

第二条　免税商店的经营、终止以及免税品的进口、销售（包括无偿提供）、核销等适用本办法。

第三条　免税品应当由免税商店的经营单位统一进口，并且办理相应的海关手续。

第四条　免税品的维修零配件、工具、展台、货架等，以及免税商店转入内销的库存积压免税品，应当由经营单位按照一般进口货物办理有关手续。

第五条　免税商店所在地的直属海关或者经直属海关授权的隶属海关（以下统称主管海关）应当派员对经营单位和免税商店进行核查，核查内容包括经营资质、免税品进出库记录、销售记录、库存记录等。经营单位及其免税商店应当提供必要的协助。

第六条　主管海关根据工作需要可以派员驻免税商店进行监管，免税商店应当提供必要的办公条件。

第二章　免税商店的经营和终止

第七条　经营单位经营免税商店,应当向海关总署提出书面申请,并且符合以下条件:

（一）具有独立法人资格;

（二）具备符合海关监管要求的免税品销售场所及免税品监管仓库;

（三）具备符合海关监管要求的计算机管理系统,能够向海关提供免税品出入库、销售等信息;

（四）具备一定的经营规模,其中申请经营口岸免税商店的,口岸免税商店所在的口岸年进出境人员应当不少于5万人次;

（五）具备包括合作协议、经营模式、法人代表等内容完备的企业章程和完备的内部财务管理制度;

（六）有关法律、行政法规、海关规章规定的其他条件。

第八条　海关总署按照《中华人民共和国行政许可法》及《中华人民共和国海关行政许可管理办法》规定的程序和期限办理免税商店经营许可事项。

第九条　免税品销售场所应当符合海关监管要求。口岸免税商店的销售场所应当设在口岸隔离区内;运输工具免税商店的销售场所应当设在从事国际运营的运输工具内;市内免税商店的销售提货点应当设在口岸出境隔离区内。

第十条　免税品监管仓库应当符合以下条件和要求:

（一）具备符合海关监管要求的安全隔离设施;

（二）建立专门的仓库管理制度,编制月度进、出、存情况表,并且配备专职仓库管理员,报海关备案;

（三）只允许存放所属免税商店的免税品;

（四）符合国家有关法律、行政法规、海关规章规定的其他条件和要求。

第十一条 经审批准予经营的免税商店，应当在开展经营业务一个月前向主管海关提出验收申请。经主管海关验收合格后，向主管海关办理备案手续，并且提交下列材料：

（一）免税品经营场所和监管仓库平面图、面积和位置示意图；

（二）免税商店业务专用章印模。

上述材料所载内容发生变更的，应当自变更之日起10个工作日内到主管海关办理变更手续。

第十二条 经营单位申请暂停、终止或者恢复其免税商店经营需要报经海关总署批准。免税商店应当在经营单位提出暂停或者终止经营申请前办理库存免税品结案等相关海关手续。

经审批准予经营的免税商店，自批准之日起一年内无正当理由未对外营业的，或者暂停经营一年以上的，或者变更经营合作方的，应当按照本办法第七条规定重新办理有关申请手续。

第十三条 更改免税商店名称、免税品销售场所或者监管仓库地址或者面积，应当由经营单位报经海关总署批准。

第三章 免税品进口、入出库和调拨

第十四条 经营单位为免税商店进口免税品，应当填写《中华人民共和国海关进口货物报关单》，并且加盖经营单位在主管海关备案的报关专用章，向主管海关办理免税品进口手续。

免税品从异地进口的，经营单位应当按照《中华人民共和国海关对转关运输货物监管办法》的有关规定，将免税品转关运输至主管海关办理进口手续。

第十五条 免税品进入监管仓库，免税商店应当填写《免税品入/出监管仓库准单》，并且随附其他有关单证，向主管海关提出申请。主管海关经审核无误，监管免税品入库。

未经海关批准,免税品入库后不得进行加工或者组装。

第十六条 免税商店将免税品调出监管仓库进入经营场所销售前,应当填写《免税品入/出监管仓库准单》,向主管海关提出申请。主管海关经审核无误,监管有关免税品从监管仓库调出进入销售场所。

第十七条 免税商店之间调拨免税品的,调入地免税商店应当填写《免税品调拨准单》,向其主管海关提出申请。经批准后,调出地免税商店按照《中华人民共和国海关对转关货物监管办法》的规定,将免税品转关运输至调入地免税商店。

第四章 免税品销售

第十八条 免税商店销售的免税进口烟草制品和酒精饮料内、外包装的显著位置上均应当加印"中国关税未付（China Duty Not Paid）"中、英文字样。

免税商店应当按照海关要求制作免税品销售发货单据,其中口岸免税商店应当在免税品销售发货单据上填写进出境旅客搭乘运输工具凭证或者其进出境有效证件信息等有关内容。

第十九条 口岸免税商店的销售对象限于已办结出境手续、即将前往境外的旅客,以及尚未办理进境手续的旅客。免税商店应当凭其搭乘运输工具的凭证或者其进出境的有效证件销售免税品。

第二十条 运输工具免税商店销售对象限于搭乘进出境运输工具的进出境旅客。免税商店销售免税品限运输工具在国际（地区）航行期间经营。免税商店应当向主管海关交验由运输工具负责人或者其代理人签字的《免税品销售明细单》。

第二十一条 市内免税商店的销售对象限于即将出境的境外人员,免税商店凭其出境有效证件及机（船、车）票销售免税品,并且应当在口岸隔离区内将免税品交付购买人员本人携带出境。

第二十二条　外交人员免税商店的销售对象限于外国驻华外交代表和领事机构及其外交人员和领事官员，以及其他享受外交特权和豁免的机构和人员，免税商店应当凭上述机构和人员所在地的直属海关或者经直属海关授权的隶属海关按照有关规定核准的限量、限值销售免税品。

第二十三条　供船免税商店的销售对象限于出境的国际（地区）航行船舶及船员。供船免税商店应当向主管海关提出供船申请，填写《免税品供船准单》，在海关监管下进行国际（地区）船舶的供船工作。

第五章　免税品报损和核销

第二十四条　免税品在办理入库手续期间发生溢卸或者短缺的，免税商店应当及时向主管海关书面报告。主管海关核实无误后出具查验记录，准予免税商店修改免税品入/出监管仓库准单相关数据内容。

第二十五条　免税品在储存或者销售期间发生损毁或者灭失的，免税商店应当及时向主管海关书面报告。如果由不可抗力造成的，免税商店应当填写《免税品报损准单》，主管海关核实无误后准予免税结案。

免税品在储存或者销售期间由于其他原因发生损毁或者灭失的，免税商店应当依法缴纳损毁或者灭失免税品的税款。

第二十六条　免税品如果发生过期不能使用或者变质的，免税商店应当向主管海关书面报告，并且填写《免税品报损准单》。主管海关查验核准后，准予退运或者在海关监督下销毁。

除前款规定情形外，免税品需要退运的，免税商店应当向主管海关办理相关海关手续。

第二十七条　免税商店应当建立专门账册，并且在每季度第一个月 25 日前将上季度免税品入库、出库、销售、库存、调拨、损毁、灭失、过期等情况编制清单，填写《免税品明细账》，随附销售发货单、《免税品库存数量单》等有关单据，向主管海关办理免税品核销手续。主管海关认为必要时可以派员到免税品经营场所和监管仓库实地检查。

第六章　法律责任

第二十八条　经营单位或者免税商店有下列情形之一的，海关责令其改正，可以给予警告；情节严重的，可以按照《中华人民共和国海关行政处罚实施条例》第二十六条、第二十七条的规定进行处理：

（一）将免税品销售给规定范围以外对象的；

（二）超出海关核准的品种或规定的限量、限值销售免税品的；

（三）未在规定的区域销售免税品的；

（四）未按照规定办理免税品进口报关、入库、出库、销售、核销等手续的；

（五）出租、出让、转让免税商店经营权的。

第二十九条　经营单位或者免税商店违反本规定的其他违法行为，海关将按照《中华人民共和国海关法》、《中华人民共和国海关行政处罚实施条例》予以处理；构成犯罪的，依法追究刑事责任。

第七章　附　则

第三十条　本办法下列用语的含义：

"经营单位"是指经国务院或者其授权部门批准，具备开展免税品业务经营资格的企业。

"免税商店"是指经国务院有关部门批准设立，经海关总署批准经营，向规定的对象销售免税品的企业。具体包括：口岸免税商店、运输工具免税商店、市内免税商店、外交人员免税商店和供船免税商店等。

"免税品"是指经营单位按照海关总署核准的经营品种,免税运进专供免税商店向规定的对象销售的进口商品,包括试用品及进口赠品。

"免税品销售场所"是指免税商店销售免税品的专用场所。

"免税品监管仓库"是指免税商店专门用来存放免税品的库房。

第三十一条 本办法所规定的文书由海关总署另行制定并且发布。

第三十二条 本办法由海关总署负责解释。

第三十三条 本办法自2006年1月1日起施行。

附件:废止文件清单(略)